과학의 창시자
야훼

과학의 창시자 야훼
천지창조를 과학적 원리로 이해하는 청소년 천지창조의 비밀

초판 1쇄 발행 2025년 4월 20일

지은이 김형택
구 성 이경윤
펴낸이 장길수
펴낸곳 지식과감성#
출판등록 제2012-000081호

교정 김나현
디자인 정윤솔
편집 정윤솔
검수 김지원, 이현
마케팅 김윤길

주소 서울시 금천구 빛꽃로298 대륭포스트타워6차 1212호
전화 070-4651-3730~4
팩스 070-4325-7006
이메일 ksbookup@naver.com
홈페이지 www.knsbookup.com

ISBN 979-11-392-2542-6(03230)
값 19,800원

- 이 책의 판권은 지은이에게 있습니다.
- 이 책 내용의 전부 또는 일부를 재사용하려면 반드시 지은이의 서면 동의를 받아야 합니다.
- 잘못된 책은 구입하신 곳에서 바꾸어 드립니다.

지식과감성#
홈페이지 바로가기

과학의 창시자
야훼

김형택 지음

―
**천지창조를
과학적 원리로 이해하는
청소년 천지창조의 비밀**

지식과감성#

목차

프롤로그 - 성경은 신화일까요, 과학일까요? ································ 9

1막
천지창조 이전에는 어떤 일이 있었을까?

야훼 하나님은 누구일까? ·· 17
하나님은 어떤 영성을 가졌을까? ·· 21
하나님이 꿈꾼 것은? ·· 24
하나님이 꿈을 이루기 위해 생각(계획)한 것은? ································ 27
하나님의 믿음과 말씀은 어떻게 나타날까? ·· 30

2막

과학의 천지창조와 하나님의 천지창조 과정

하나님의 천지창조와 과학의 연결 …………………………………… 36
최초의 하늘과 땅이 만들어진 원리 …………………………………… 42
창세기의 빛 창조와 시간 순서에 대한 이해 ………………………… 49
첫째 날, 빛이 있으라 하니 빛이 있었고 ……………………………… 55
둘째 날, 물 가운데에 궁창이 있어 물과 물로 나뉘라 ……………… 60
셋째 날, 천하의 물이 한곳으로 모이고 뭍이 드러나라 …………… 73
현대과학에서 말하는 지구가 만들어진 원리 ………………………… 85
셋째 날, 식물 창조의 비밀 ……………………………………………… 96
넷째 날, 해, 달, 별 창조의 과학적 해석 ……………………………… 100
지구의 자전과 공전은 어떻게 일어나게 되었을까? ………………… 109
우주의 별과 지구는 어떤 관계가 있을까? …………………………… 116
다섯째 날과 여섯째 날, 생물 창조의 과학적 해석 ………………… 118
물의 창조가 하나님의 과학적 계획이자 축복인 이유? …………… 120
여섯째 날, 인간 창조의 과학적 해석 ………………………………… 137

3막
비과학시대 VS 과학시대의 성경 해석

6일 창조의 신화적 해석 VS 과학적 해석 ·················· 146

모세가 기록한 안식일 시간과 창세기의 시간 ·················· 151

창조론 VS 진화론의 문제 ·················· 156

별의 창조 VS 인간의 창조 ·················· 164

빛과 어둠의 관계 - 자전이 일어나는 이유 ·················· 167

4막
양자역학과 성경 기록과의 관계

천국을 겨자씨와 누룩으로 비유한 말씀은
현대과학의 원자와 연결된다 ·· 176
과학의 눈으로 죽은 자를 살리고
병을 치료하는 예수님을 보는 시각? ······································ 182
오병이어, 포도주 사건도 현대과학의 컴퓨터 및
메타버스와 연결된다 ·· 186
'뜻이 하늘에서와 같이 땅에서도 이루어지이다'와
첨단과학 시대의 연결 ·· 190
인간과 로봇의 관계가 상징하는 것 ·· 194
예수님이 인간에게 주신 두 계명과 첨단과학 시대의 연결 ········ 197

에필로그 ·· 201

"성경은 신화일까요, 과학일까요?"

처음 기독교를 접하는 청소년들이 제일 먼저 성경을 펼치면 나오는 장면이 천지창조입니다. 과학을 배운 청소년이 천지창조의 내용을 보면 당장 비과학적이란 생각이 들 수밖에 없을 것입니다. 하나님이란 신이 나타나 말 한마디로 하늘과 땅을 만든다는 내용이 마치 신화처럼 보이기 때문입니다. 이것은 현대과학에서 물질이 생성되는 원리와는 거리가 먼 내용이기 때문에 충분히 이해할 수 있습니다.

하지만 성경의 천지창조 이야기가 지금으로부터 3~4천 년 전 고대인을 대상으로 쓰였다는 사실을 아는 것이 중요합니다. (하나님께서 주신 감동으로 쓰였다지만) 당시는 과학을 알지 못하던 시대이므로 그 사람들의 눈높이에서 글을 쓸 수밖에 없었을 것입니다. 만약 그 시대 사람에게 지금과 같은 과학적 원리를 바탕으로 한 창조 이야기를 썼다면 아무도 이해할 수 없었을 것이기 때문입니다.

놀라운 것은 현재 성경의 천지창조 내용이 하나하나 과학적 원리로 밝혀지고 있다는 사실입니다. 예를 들어 에너지가 물질로 바뀔 수 있다는 아인슈타인의 $E = mc^2$ 공식과 물질과 에너지의 구분이 모호하다는 양자역학의 발견은 말씀으로 물질이 창조될 수 있음을 암시합니다.

과학이 발달하면 할수록 성경의 내용이 하나하나 증명되고 있는 상황입니다. 만약 하나님께서 지금과 같은 과학 시대를 살고 있는 현대인들을 대상으로 창세기를 썼다면 지금의 신화적 느낌이 아닌 과학적 원리를 바탕으로 창세기의 천지창조 이야기를 썼을 것입니다.

이 책은 신화적 느낌의 천지창조 내용을 과학적 원리로 잘 풀어내는 데 그 목적이 있습니다. 성경의 천지창조 내용에 현재까지 밝혀진 과학적 원리를 덧붙이면 지금 우리가 살고 있는 지구와 우주가 어떻게 만들어졌는지 잘 설명해 낼 수 있습니다. 나아가 식물과 동물, 그리고 인간이 어떻게 만들어졌는지도 설명해 낼 수 있습니다. 천지창조에 대한 과학적 오해만 풀린다면 고대에 기록된 책 중에서 어떤 책도—천지창조에 관한 수많은 신화가 있지만—성경의 천지창조처럼 자세히 그리고 논리적, 과학적으로 천지창조와 식물과 동물, 인간의 창조를 이야기하는 책은 없다고 할 수 있습니다.

오늘날 학교에서 배우는 과학과 성경의 천지창조가 다르다는 문제 때문에 하나님과 성경을 오해하는 청소년들이 너무도 많습니다. 이것이 청소년들이 교회를 떠나는 주된 이유 중 하나이기도 합니다. 하지만 성경의 천지창조가 학교에서 배우는 과학과 크게 다르지 않다는 사실을 알게 되면 다시 성경에 대한 신뢰가 생기고 교회로 돌아오는 청소년들이 많아질 것입니다.

부디 이 책을 통하여 청소년들이 성경의 천지창조 내용을 과학적으로 이해하는 계기가 되기를 바랍니다. 천지창조를 과학적으로 이해하는 것은 하나님을 바르게 알고 믿는 데 큰 도움을 줍니다. 이 책은 그런 목적으로 쓰였으니 차근차근 읽으며 따라와 주길 바랍니다.

김 형 택

1막

—

천지창조 이전에는
어떤 일이 있었을까?

창세기 1장

1 태초에 하나님이 천지를 창조하시니라
2 땅이 혼돈하고 공허하며 흑암이 깊음 위에 있고 하나님의 신은 수면에 운행하시니라
3 하나님이 가라사대 빛이 있으라 하시매 빛이 있었고
4 그 빛이 하나님의 보시기에 좋았더라 하나님이 빛과 어두움을 나누사
5 빛을 낮이라 칭하시고 어두움을 밤이라 칭하시니라 저녁이 되며 아침이 되니 이는 첫째 날이니라
6 하나님이 가라사대 물 가운데 궁창이 있어 물과 물로 나뉘게 하리라 하시고
7 하나님이 궁창을 만드사 궁창 아래의 물과 궁창 위의 물로 나뉘게 하시매 그대로 되니라
8 하나님이 궁창을 하늘이라 칭하시니라 저녁이 되며 아침이 되니 이는 둘째 날이니라
9 하나님이 가라사대 천하의 물이 한곳으로 모이고 뭍이 드러나라 하시매 그대로 되니라
10 하나님이 뭍을 땅이라 칭하시고 모인 물을 바다라 칭하시니라 하나님의 보시기에 좋았더라
11 하나님이 가라사대 땅은 풀과 씨 맺는 채소와 각기 종류대로 씨 가진 열매 맺는 과목을 내라 하시매 그대로 되어
12 땅이 풀과 각기 종류대로 씨 맺는 채소와 각기 종류대로 씨 가진 열매 맺는 나무를 내니 하나님의 보시기에 좋았더라
13 저녁이 되며 아침이 되니 이는 세째 날이니라

14 하나님이 가라사대 하늘의 궁창에 광명이 있어 주야를 나뉘게 하라 또 그 광명으로 하여 징조와 사시와 일자와 연한이 이루라
15 또 그 광명이 하늘의 궁창에 있어 땅에 비취라 하시고(그대로 되니라)
16 하나님이 두 큰 광명을 만드사 큰 광명으로 낮을 주관하게 하시고 작은 광명으로 밤을 주관하게 하시며 또 별들을 만드시고
17 하나님이 그것들을 하늘의 궁창에 두어 땅에 비취게 하시며
18 주야를 주관하게 하시며 빛과 어두움을 나뉘게 하시니라 하나님의 보시기에 좋았더라
19 저녁이 되며 아침이 되니 이는 네째 날이니라
20 하나님이 가라사대 물들은 생물로 번성케 하라 땅위 하늘의 궁창에는 새가 날으라 하시고
21 하나님이 큰 물고기와 물에서 번성하여 움직이는 모든 생물을 그 종류대로, 날개 있는 모든 새를 그 종류대로 창조하시니 하나님의 보시기에 좋았더라
22 하나님이 그들에게 복을 주어 가라사대 생육하고 번성하여 여러 바다 물에 충만하라 새들도 땅에 번성하라 하시니라
23 저녁이 되며 아침이 되니 이는 다섯째 날이니라
24 하나님이 가라사대 땅은 생물을 그 종류대로 내되 육축과 기는 것과 땅의 짐승을 종류대로 내라 하시고(그대로 되니라)
25 하나님이 땅의 짐승을 그 종류대로 육축을 그 종류대로 땅에 기는 모든 것을 그 종류대로 만드시니 하나님의 보시기에 좋았더라

26 하나님이 가라사대 우리의 형상을 따라 우리의 모양대로 우리가 사람을 만들고 그로 바다의 고기와 공중의 새와 육축과 온 땅과 땅에 기는 모든 것을 다스리게 하자 하시고
27 하나님이 자기 형상 곧 하나님의 형상대로 사람을 창조하시되 남자와 여자를 창조하시고
28 하나님이 그들에게 복을 주시며 그들에게 이르시되 생육하고 번성하여 땅에 충만하라, 땅을 정복하라, 바다의 고기와 공중의 새와 땅에 움직이는 모든 생물을 다스리라 하시니라
29 하나님이 가라사대 내가 온 지면의 씨 맺는 모든 채소와 씨 가진 열매 맺는 모든 나무를 너희에게 주노니 너희 식물이 되리라
30 또 땅의 모든 짐승과 공중의 모든 새와 생명이 있어 땅에 기는 모든 것에게는 내가 모든 푸른 풀을 식물로 주노라 하시니 그대로 되니라
31 하나님이 그 지으신 모든 것을 보시니 보시기에 심히 좋았더라 저녁이 되며 아침이 되니 이는 여섯째 날이니라

야훼 하나님은 누구일까?

 이 세상이 만들어지기 전, 천지창조 이전에는 어떤 일이 있었을까요? 그때는 아직 물질세계가 없었고 오직 비물질세계의 영적 존재인 신들만 있었던 것으로 생각됩니다. 세계 여러 나라와 민족에게는 신화라는 게 전해 오는데, 이러한 신화에 신들의 이야기가 나옵니다. 우리나라에서 가장 인기를 끌었던 그리스 신화에는 그리스의 신들에 대한 흥미진진한 이야기가 나오지요.

 세계 최고의 베스트셀러인 성경에는 이스라엘의 신인 하나님 이야기가 나옵니다. 그리고 그 하나님이 지구와 우주를 창조했다는 창조 이야기가 나옵니다. 다른 나라의 신화에도 창조 이야기가 나오는데, 성경의 창조 이야기는 그것들과는 조금 다릅니다. 다른 나라 신화의 창조 이야기는 누가 봐도 비과학적으로 보이는데, 성경의 창조 이야기는 현대과학이 밝혀낸 우주의 창조 과정과 어느 정도 비슷한 내용이 담겨 있기 때문입니다. 과연 하나님은 어떤 분이시기에 지구와 우주를 과학적 과정으로 창조할 수 있었을까요?

• **하나님은 우주의 법칙을 만드신 분이다**
 오늘날 우리가 사는 세상을 보면 나부터 시작하여 우주 끝까지 서로 연결되어 있는 것을 알 수 있습니다. 나는 내 주변 사람과 연결되어 있고, 이러한 연결을 쭉 이어 가다 보면 지구의 모든 사람과 연결되어 있다는 것을 알 수 있습니다. 지구는 태양계와 연결되어 있고 태양계는 우리은하와 연결되어 있습니다. 그리고 우리은하는 우주와 연결되어 있습니다. 이렇게 하여 나부터 시작된 연결이 우주 끝까지 이어져 있다는 사실을 알 수 있습니다. 이것은 우주 창조가 그냥 우연히 일어난 것이 아니라 어떤 과학적 법칙에 의해 일어났음을 뜻합니다. 실제 현대과학은 지구부터 우주 끝까지 연결되어 있음을 밝혀내고 있는 상태입니다.

이뿐만 아니라 지구의 물질이 만들어지는 과정도 그냥 우연히 이루어진 것이 아니라 어떤 과학적 법칙에 의해 이루어졌습니다. 그것은 원자로부터 시작하여 물질을 탐구하는 화학이라는 과학의 분야에 의해 밝혀졌습니다. 생물이 만들어지는 과정도 마찬가집니다. 이 또한 우연히 만들어진 것이 아니라 과학적 법칙에 의해 만들어졌고 이것은 생물이라는 과학의 분야에 의해 밝혀졌습니다. 더욱 놀라운 것은 이러한 물질과 생물을 이루고 있는 입자들이 힘과 에너지에 의해 끊임없이 운동하고 있다는 사실입니다. 이것은 물리라는 과학의 분야에 의해 밝혀졌습니다.

도대체 이러한 과학적 법칙을 만든 주인공은 누구일까요? 지구와 우주의 창조는 태초부터 이루어졌으므로 사람이 아닌 것은 분명합니다. 따라서 이러한 과학 법칙을 만든 분이 바로 하나님이라고 생각하게 되는 것은 당연합니다.

• 하나님이 지구와 우주를 만든 이유

그렇다면 하나님은 왜 이 거대한 지구와 우주를 만들었을까요? 그리고 왜 지구에 동물과 식물을 만들었을까요? 그것은 바로 인간을 위해서라고 할 수 있습니다. 그 근거가 창세기 1장 26~27절에 나와 있습니다.

창세기 1장

26 하나님이 가라사대 우리의 형상을 따라 우리의 모양대로 우리가 사람을 만들고 그로 바다의 고기와 공중의 새와 육축과 온 땅과 땅에 기는 모든 것을 다스리게 하자 하시고
27 하나님이 자기 형상 곧 하나님의 형상대로 사람을 창조하시되 남자와 여자를 창조하시고

하나님은 다른 창조물과 달리 오직 인간만은 자신의 형상을 따라 만들었다고 나와 있습니다. 여기서 형상이란 외모뿐만 아니라 내적인 모습까지를 포함하는 단어입니다. 즉, 하나님은 마치 부모가 자신의 외모와 마음을 닮은 자식을 낳는 것처럼 자신을 닮은 인간을 만든 것입니다. 그렇다면 모든 창조물 중에 인간을 가장 사랑할 것은 두말할 나위 없습니다.

지구와 우주의 창조 과정을 보면 이 모든 창조물이 결국 인간을 위한 것이었다는 사실을 알 수 있습니다. 인간이 살아가기 위해서는 물, 공기, 햇빛, 먹을 것 등이 기본적으로 필요합니다. 이를 위해서는 낮과 밤, 계절의 변화도 필요합니다. 이때 햇빛과 공기를 공급하고 온도 변화를 일으키기 위해 태양과 우주의 창조가 필요했고 물을 공급하기 위해 강과 바다 등의 창조가 필요했습니다. 그리고 먹을 것을 공급하기 위해 동물과 식물의 창조가 필요했습니다. 결국 하나님은 인간이 살아가기 위한 이 모든 조건을 만들어 주기 위해 우주와 태양계, 그리고 지구, 공기, 물, 동물과 식물 등을 창조했던 것입니다. 그런 점에서 지구와 우주의 창조는 인간을 위한 하나님의 선물이었다고 할 수밖에 없습니다.

하나님은 어떤 영성을 가졌을까?

성경 창세기에는 하나님께서 오직 말씀만으로 천지를 창조했다는 이야기가 나옵니다. 이것을 과학의 눈으로 보면 신화 같은 이야기라고밖에 생각할 수 없습니다. 하지만 이것을 영성의 눈으로 보면 어느 정도 과학과 연결되는 지점을 만날 수 있습니다.

• 과학과 영성의 차이

과학은 물질세계의 원리를 다루는 학문입니다. 그러나 영성은 정신세계의 원리를 다루는 분야입니다. 정신세계에는 영적 지식이 있고 감정이 있으며 의지가 있습니다. 이것을 통틀어 영성이라고 하는 것입니다. 이러한 영성은 인간이 가지고 있는 지식, 감정, 의지보다 차원이 높은 수준의 지식, 감정, 의지라고 할 수 있습니다. 인간의 내면에는 하나님으로부터 받은 유전자가 있기에 하나님을 닮은 부분이 있습니다. 성경 창세기 1장 27절에는 다음과 같은 구절이 나옵니다.

> 하나님이 자기 형상 곧 하나님의 형상대로 사람을 창조하시되 남자와 여자를 창조하시고

이 말씀에 의하면 인간은 다른 동물과 달리 하나님의 형상을 이어받았다는 사실을 알려 줍니다. 이러한 하나님의 형상에 하나님의 유

전자가 들어 있고 이 유전자를 하나님의 영이라고 볼 수 있습니다. 이러한 하나님의 영으로부터 나오는 지식, 감정, 의지를 인성과 구분하여 영성이라고 부르는 것입니다.

실제 우리가 살고 있는 세계는 물질로만 이루어져 있는 것이 아니라 마음이나 정신 같은 비물질세계도 포함되어 있습니다. 그리고 이와 같은 물질과 비물질은 서로 분리되어 있지 않고 긴밀히 연결되어 있습니다. 이런 가운데 물질세계의 원리만 다루는 과학의 눈으로만 세상을 이해한다는 것은 반쪽짜리 지식밖에 될 수 없습니다. 여기에 영성의 눈이 합해져야 비로소 전체적인 지식으로 이해할 수 있는 것입니다. 그런 점에서 영성을 이해하는 것은 매우 중요합니다.

• **하나님의 영성**

그렇다면 하나님은 어떤 영성을 가졌을까요? 하나님은 기본적으로 '사랑'의 영성을 가지고 있습니다. 성경 요한1서 4장 16절에는 '하나님은 사랑이시라'라는 말씀이 나오는데, 이것이 하나님이 사랑의 영성을 가졌다는 사실을 증명합니다.

하나님이 사랑의 영성을 가졌다는 것은 중요합니다. 왜냐하면 이 사랑 때문에 지구와 우주, 그리고 인간을 창조했기 때문입니다. 하나님이 가장 사랑한 대상은 바로 자신의 유전자를 물려준 인간입니다. 그런 점에서 지구와 우주의 창조는 사랑하는 인간 때문에 이루어진 것임을 알 수 있습니다.

  그러나 여기에 하나의 문제가 있습니다. 그것은 바로 인간의 불완전성입니다. 아기가 태어나면 어른이 되기까지 완전하지 않습니다. 그래서 부모는 아기가 스스로 살아갈 수 있을 때까지 돌봐 주어야 합니다. 인간도 마찬가지입니다. 아직 불완전한 상태이기 때문에 하나님의 돌봄이 필요합니다. 여기에서 하나님의 영성은 확장됩니다. 즉 인간을 온전하게 해 주기 위한 꿈이 만들어지고 그 꿈을 이룰 생각이 만들어집니다. 그리고 그 꿈이 이루어진다는 믿음과 함께 드디어 말씀으로 선포됩니다. 하나님의 사랑은 이와 같이 꿈-생각-믿음-말씀의 순서로 선포되면서 비로소 인간을 위한 창조의 과정이 이루어졌던 것입니다. 이것을 하나님의 4차원 영성이라고 하는데, 여의도순복음교회 조용기 목사님이 처음 선포한 말입니다. 하나님은 이 4차원 영성에 의해 우주를 창조하고 지구와 인간을 창조한 것입니다. 그리고 4차원 영성에 의한 창조는 지금도 계속 이루어지면서 인간의 영성을 세워 나가고 있습니다.

하나님이 꿈꾼 것은?

그렇다면 하나님이 꿈꾼 것은 무엇일까요? 그것은 사랑하는 인간을 창조하는 것과 그 인간과 함께 사랑의 관계를 맺으며 행복하게 살아가는 것입니다. 하지만 인간은 아직 어린아이처럼 불완전하기에 자신을 닮은 성숙한 인간으로 될 수 있도록 돕는 것도 하나님의 꿈이 됩니다.

• **4차원 영성에 의한 지구 창조의 꿈**

하나님의 첫 번째 꿈은 자신을 닮은 인간을 창조하는 것이었습니다. 인간을 창조하기 위해서는 먼저 인간이 잘 살 수 있는 환경을 만들어 주는 것이 필요합니다. 그래서 인간을 위한 지구와 태양계, 우주의 창조를 꿈꾸게 되었습니다. 지구와 태양계를 창조해야 인간이 살아갈 수 있는 햇빛을 제공해 줄 수 있습니다. 또 낮에는 일하고 밤에는 쉴 수 있도록 낮과 밤도 만들어 줄 수 있습니다. 그뿐만 아니라 사계절도 만들어 줄 수 있습니다. 이러한 태양계가 존재하기 위해서는 우주도 필요합니다.

인간은 먹어야 살 수 있으므로 하나님은 인간의 먹거리를 위해 동물과 식물도 창조할 꿈도 꾸었습니다. 동물은 식물을 먹이로 살아가야 하기 때문에 먼저 식물을 창조하였고 이에 따라 바다와 강의 물고기와 하늘의 새를 창조하였습니다. 그리고 육지의 동물도 창조하였습니다. 이로써 인간이 먹고 살아갈 수 있는 환경이 다 만들어졌습니다.

• **인간을 성숙하게 만들기 위한 꿈**

인간을 만들었지만 마치 어린이처럼 불완전하였습니다. 그래서 자기 마음대로 하려는 죄가 나타나게 되었습니다. 하나님은 이 문제를 해결하려는 마음을 가졌습니다. 그래서 노아 시대에 대홍수를 통하여 세상의 죄악을 쓸어 버리기도 하고 훗날 예수 그리스도를 통하여 구원 계획도 세웠습니다. 여기서 구원 계획이란 불완전성에 의해 죄에 빠진 인간을 죄로부터 건져 주고 그리스도를 닮은 성숙한 인간으로 향해 갈 수 있도록 돕는 것을 뜻합니다.

하나님이 구원 계획을 세우고 인간을 다스리는 모습은 마치 부모가 자식을 교육하기 위해 애쓰는 모습에 비유할 수 있습니다. 부모는 자식이 성숙한 인간으로 자라서 이 사회에 쓸모 있는 사람으로 살아갈 수 있도록 돕습니다. 하나님도 마찬가지로 부모가 자식을 사랑으로 키우듯 인간을 사랑으로 다스리며 죄로부터 멀어지는 성숙한 인간이 되도록 하기 위해(이것이 구원 계획임) 뒤에서 돕고 계신 것입니다.

하나님이 이런 꿈을 꾼 것은 결국 사랑하는 인간과 영원히 행복한 관계를 맺으며 살아가기 위함입니다. 이를 위해 하나님은 인간이 하나님께 더 가까이 다가올 수 있도록 하기 위해 예배 제도를 만들게 하고 찬양하며 기도도 할 수 있게 만들어 주었습니다. 그리고 하나님의 뜻을 더 잘 알 수 있게 성경도 만들어 주었습니다. 이런 과정을 통하여 하나님은 인간으로부터 영광을 받기 원했습니다.

하나님이 꿈을 이루기 위해 생각(계획)한 것은?

하나님의 꿈은 그냥 이루어지는 것이 아닙니다. 이것은 하나님의 4차원 영성, 즉 꿈-생각-믿음-말씀의 단계에 따른 철저한 계획으로 이루어지는 것입니다. 여기에서 생각이 매우 중요합니다. 생각을 통하여 어떻게 창조할지에 대한 계획을 세울 수 있기 때문입니다.

• 생각에 의해 과학의 법칙이 만들어졌다

하나님의 생각은 인간이 살기 좋은 환경을 만들기 위하여 어떻게 지구와 우주를 조화롭게 창조하느냐로 집중되었습니다. 이 생각에 의해 지구와 우주 창조를 위한 과학의 법칙이 만들어졌습니다. 현재 지구가 자전과 공전을 하면서 태양과 연결되고 태양도 자전과 공전을 하면서 우리은하와 연결되고 하는 이러한 과학 법칙이 이때 만들어진 것입니다.

또 지구를 이루는 땅과 바다, 하늘의 공기와 같은 물질세계의 과학 법칙도 이때의 생각에 의해 만들어졌습니다. 지구 내부가 핵과 맨틀, 지각으로 구성되게 한 것도 이때 생각해 낸 것입니다. 또 동물과 식물은 어떻게 만들지에 대한 과학 법칙도 이때 만들어졌습니다. 마지막으로 인간 창조 계획도 이때의 생각에 의해 매우 과학적으로 만들어진 것입니다.

결국 하나님은 과학 법칙에 의해 지구의 모든 생물과 물질, 또 지구와 우주의 운행 법칙을 만들어 낸 것이라고 할 수 있습니다.

• **성경에 과학 법칙이 기록되지 않은 이유**

하나님은 철저히 과학 법칙에 의해 우주를 만들었지만, 고대에는 아직 과학이 발견조차 되지 않았기 때문에 이러한 과학 법칙을 설명해 줄 수는 없었습니다. 그래서 성경에는 과학 법칙에 대한 기록을 남기지 않았습니다. 하지만 성경 곳곳에 과학 법칙에 대한 흔적은 남겨 두었습니다. 우리는 이 흔적을 추적함으로써 하나님이 과학 법칙에 의해 천지를 창조했다는 것을 추측해 낼 수 있습니다.

인간 사회는 근대에 들어 과학의 발견과 함께 엄청난 산업의 발전을 이루게 됩니다. 이와 함께 과학도 엄청난 발전을 이루게 되었는데, 놀라운 것은 과학이 발견되면 발견될수록 창세기의 이야기가 하나하나 증명되고 있다는 사실입니다. 그럼에도 불구하고 인간은 아직 과학을 만든 이가 하나님이라는 사실에는 다가가지 못하고 있습니다. 원래 과학의 창시자는 하나님이었지만, 아직 하나님에 대한 과학적 증명이 이루어지지 않고 있기에 이런 현상이 생기고 있는 것입니다. 하지만 미래에 과학이 더욱 발전하면 결국 하나님의 존재가 과학으로 증명될 날이 오고야 말 것입니다.

하나님의 믿음과 말씀은 어떻게 나타날까?

어떤 계획이 세워진 후에 해야 할 일은 이 계획이 이루어질 것이란 믿음을 가지고 일을 진행하는 것입니다. 계획을 세워도 이 계획이 이루어질 것이란 믿음이 없으면 그 계획은 성공하기 힘듭니다.

• **천지창조에 대한 믿음**

천지창조에서 믿음이 중요한 이유는 믿음대로 되는 원리 때문입니다. 다음 성경 말씀에서 믿음이 무엇인지에 대해 말해 주고 있습니다.

히브리서 11장 1~3절

믿음은 바라는 것들의 실상이요 보지 못하는 것들의 증거니 선진들이 이로써 증거를 얻었으니라 믿음으로 모든 세계가 하나님의 말씀으로 지어진 줄을 우리가 아나니 보이는 것은 나타난 것으로 말미암아 된것이 아니니라

이 말씀에 의할 때 믿음은 바라는 것이 실제로 이루어진다고 생각하는 것이라 할 수 있습니다. 또 믿음은 보이지 않는 것이라 해도 실제 보이는 것처럼 생각하는 것이기도 합니다. 하나님(성부 성자 성령) 존재를 믿는 믿음입니다. 믿음은 이러한 원리에 의해 믿음대로 그 일이 이루어지는 힘을 나타내게 됩니다. 그리하여 원하는 일이 이

루어지는 것입니다.

믿음대로 이루어지는 원리의 예로 의학에서 흔히 나타나는 플라시보 효과를 들 수 있습니다. 이것은 환자가 가짜 약을 먹었음에도 불구하고 내 병에 좋은 약을 먹었다고 믿는 믿음에 의해 실제 병이 낫는 경우를 말합니다. 이러한 플라시보 효과가 나타나는 이유는 실제로는 효과가 없는 약(플라시보)이었음에도 불구하고 환자가 그 약이 자신의 병을 낫게 해 줄 것이란 믿음을 가지고 먹었기 때문에 그 믿음에 의해 몸이 반응하여 나타나기 때문입니다.

하나님은 이러한 믿음의 원리와 힘을 너무도 잘 알고 계셨기에 천지창조의 과정에 믿음의 영성을 사용하셨던 것입니다.

또 하나의 믿음은 설계에 관한 믿음입니다. 즉 과학적으로 설계된 믿음입니다.

예를 들어서 맛있는 빵을 만드는 데 밀가루 등 각종 재료가 필요합니다. 맛있는 빵을 만들려면 여러 재료를 적당한 비율로 배분해야 할 것입니다. 그리고 반죽한 재료를 오븐레인지에 20분 가열해야 빵이 익도록 설계되었다면 20분 후 오븐 안에 잘 익은 빵이 되어 있을 것이라는 믿음입니다.

전능하신 야훼 하나님은 이러한 믿음의 법칙을 가진 말씀 속에서 창조가 이루어진 것으로 추정합니다.

• **말씀으로 이루어지는 천지창조**

이제 하나님은 말씀으로 천지창조를 시작하십니다. 왜 하나님은 말씀으로 천지를 창조하는 것일까요? 당시는 아직 물질이 창조되기 전이므로 뭔가를 만들어 낼 수 있는 동력은 오직 말씀밖에 없습니다. 여기에서 우리는 말씀이 무엇을 의미하는지 이해할 필요가 있습니다.

말에는 뜻이 담겨 있습니다. 그리고 그 뜻이 소리로 표현되는 에너지가 있습니다. 이를 소리에너지라고 합니다. 이와 같이 말씀에는 뜻에너지와 소리로 표현되는 소리에너지의 두 가지 현상이 포함되어 있습니다. 하나님의 말씀에는 하나님의 뜻 에너지가 포함되어 있습니다. 그 뜻 중 하나는 바로 이전의 생각에서 계획된 천지창조의 과학 법칙이 될 수 있습니다. 또 하나님의 말씀에는 소리에너지가 포함되어 있습니다. 소리에너지는 실제적으로 세상에 표현되면서 비로소 물질을 만들어 내는 원동력이 됩니다.―아인슈타인의 E(에너지) = m(물질)c^2 공식에 의해 에너지는 물질로 변화될 수 있습니다.

그러나 소리에너지 자체에서 물질이 만들어지는 것은 과학적으로 불가능합니다. 소리에너지는 공기와 같은 것을 진동시켜 전달되는 약한 기계적 에너지에 불과하기 때문입니다. 아인슈타인의 E(에너지) = m(물질)c^2 공식에 의해 물질로 변환될 수 있는 에너지는 전자기파 에너지 정도는 되어야 합니다. 소리에너지는 전자기파 에너지가 아닙니다. 하지만 특정한 조건에서 소리에너지는 전기에너지를 만들어 낼 수 있습니다. 이때 전기에너지가 전자기파 에너지로 전환될 수 있으며 이 전자기파 에너지에 의해 물질이 만들어질 가능성은 있습니다. 아마도 소리에너지에서 물질이 만들어지는 과정은 이런 특별한 조건에서 이루어졌을 것으로 추측됩니다.

 이러한 원리에 의해 하나님의 말씀 에너지가 아무것도 없던 암흑세계에 드러나면서 드디어 물질로 이루어진 천지창조가 시작되었다고 볼 수 있습니다. 에너지가 물질로 변환되는 원리에 의해 최초의 물질 입자가 만들어졌을 것이고, 그 입자가 과학 원리에 의해 결합하고 커지면서 지구와 우주를 창조해 낼 수 있었던 것입니다.

2막

과학의 천지창조와 하나님의 천지창조 과정

하나님의 천지창조와 과학의 연결

 푸른 하늘 아래 펼쳐진 에메랄드빛 바다와 고운 모래사장의 풍경은 보기만 해도 우리 마음을 평화롭게 해 줍니다. 그런데 이런 하늘과 바다, 땅은 처음에 어떻게 만들어진 것일까요? 이에 대하여 성경에서는 하나님께서 모든 것을 창조하셨다고 나와 있습니다. 하지만 과학에서는 과학 원리에 의해 자연적으로 만들어졌다고 이야기하고 있습니다. 이것이 현재 하나님의 천지창조는 창조론이 되고, 과학의 천지창조는 진화론이 되어 서로 충돌하고 있는 상황입니다.

• **하나님의 천지창조와 과학의 연결**

하지만 필자는 하나님의 천지창조와 과학의 천지창조가 서로 다른 것이 아니라 연결되어 있다고 생각합니다. 하나님께서 천지를 창조하실 때 어떤 법칙에 의해 천지를 창조하였는데, 그것이 바로 오늘날 과학이라고 하며 밝혀지고 있는 과학의 법칙이라 보는 것입니다.

물론 아직까지 성경의 천지창조와 과학의 천지창조가 충돌하는 부분이 있습니다. 그것은 아직 과학이 하나님의 천지창조 법칙 중에서 밝혀내지 못한 부분이 있기 때문에 생기는 일이라고 생각됩니다. 훗날 과학은 이러한 부분까지 원리를 발견해 낼 것이고 그래서 하나님의 천지창조와 과학의 천지창조는 완전히 일치하는 날이 올 것이라 생각됩니다.

하나님의 창조가 과학과 연결되었다는 사실을 한 예를 들어서 설명해 보겠습니다. 우리가 들고 있는 스마트폰은 우연히 만들어진 것이 아닙니다. 이 폰에 대하여 알기 위해서는 생산 과정을 역으로 추적해 보면 어떻게 만들어지고 어떻게 설계되었으며, 어떤 기능이 있고 누가 만들었는지, 회사와 회사의 대표까지도 알 수 있습니다. 이러하듯 지구의 창조도 역으로 추적을 해 보면 누가 어떻게 만들었는지 알 수 있는 것입니다.

현재의 지구는 하늘에 공기가 있고 땅에는 바다와 육지가 있으며 땅속에는 뜨거운 맨틀과 외핵, 내핵이 있습니다. 지각에는 식물이 잘 자라도록 토양층이 있습니다. 이러한 모양의 지구가 어떻게 만들었는지 역추적을 해 보면 천지창조가 어떤 원리에 의해 이루어졌는지 알 수 있을 것입니다. 그리고 이것을 천지창조가 기록된 창세기 1장 말씀과 비교하여 역추적 해석하면 하나님이 어떻게 천지를 창조하셨는지 알 수 있을 것입니다.

• 창세기 1장을 과학적으로 역추적한 간략한 설명

하나님의 천지창조가 과학적으로 이루어졌다는 사실은 성경이 쓰인 시대에는 알 수 없었을 것입니다. 물질 창조는 눈에 보이지 않는 원자의 세계로부터 만들어졌기 때문입니다. 지금은 양자역학의 시대입니다. 양자역학은 원자와 같은 매우 작은 입자들의 힘과 운동 세계를 다루는 학문입니다. 지구에 있는 모든 물질도 원자로 이루어졌습니다. 앞으로 더 자세히 설명하는 과정에서 지구와 우주를 이루는 모든 물질은 미시입자로부터 만들어졌음을 알게 될 것입니다. 필자는 창세기 1장에 기록된 내용을 역으로 추적하면서 지구가 3단계를 거쳐서 창조된 것을 추리하게 되었습니다. 이를 간략하게 설명하면 다음과 같습니다.

먼저 필자는 첫째 날 빛의 창조 이전에 지금의 지구가 만들어지기 위한 모태 성체가 있어야 한다는 추리를 하게 되었습니다. 모태 성체는 어머니의 자궁에서 아이가 잉태되듯 지구를 만들기 위한 바탕이 되는 성체를 말합니다. 이렇게 처음에는 물 성분과 땅 성분이 되는 지구의 모태인 성체가 만들어진 후에 비로소 빛이 만들어졌다고 생각됩니다. 이것이 1단계입니다.

2단계에서 빛은 빛이 지닌 뜨겁고 강력한 중력을 바탕으로 모태 성체의 땅 성분을 흡수하기 시작했습니다. 처음에는 물속에 잠겨 있는 땅 성분 중에 자성에 민감한 철 성분이 이동했을 것입니다. 현재 지구 중심부에는 니켈, 철 성분이 많이 분포된 것으로 추정되기 때문입니다. 이러한 과정에서 고체 상태였던 땅 성분은 빛의 열로 인하여 액체 상태로 변하였을 것입니다.

이렇게 하여 원시 지구의 빛에 끌려온 땅 성분과 모태 성체에 남은 물 성분이 나누어졌습니다. 하나님이 물 성분과 땅 성분을 서로 나눈 데에는 이유가 있습니다. 뜨거운 땅 성분과 차가운 물 성분을 서로 충돌시키려는 목적이 있었기 때문입니다. 먼저 고체 상태의 땅 성분을 죽같이 액체 상태로 만든 후에 차가운 물 성분과 충돌로 합하면서 오늘날 지구의 모습으로 창조할 목적이 있었던 것입니다.

3단계에서 드디어 땅 성분과 물 성분의 충돌이 일어났습니다. 물리적으로 보면 뜨거운 것과 차가운 것은 충돌하기 어려웠을 것입니다. 처음에 땅 성분의 열기에 물 성분과 서로 충돌하지 못하였지만 땅 성분의 열이 식어 가면서 물 성분이 중력권 안으로 들어오게 되었습니다. 이렇게 하여 물 성분과 땅 성분이 서로 충돌을 일으켰을 것입니다. 이러한 충돌에 의해 물 성분도 땅 성분에 합해지면서 중력권이 하나로 형성되었습니다. 물리적으로 뜨거운 것과 차가운 것이 하나로 형성되기는 어렵습니다. 그러나 중력권이 하나로 되었을 때는 경우가 다를 것입니다. 비록 차가운 물 성분이지만 뜨거운 땅 열을 지속적으로 식혔을 것입니다.

이렇게 만들어진 지구는 최초에 만들어진 빛이 현재의 내핵이 되었을 것으로 생각됩니다. 그리고 물 성분은 지속적으로 땅 성분을 식히면서 두꺼운 석판의 맨틀이 되었고, 더 깊숙한 곳에서 식지 못한 땅 성분은 액체 상태의 외핵이 되었을 것으로 생각됩니다.

강력한 충돌로 인하여 중력권 안팎으로 떨어진 크고 작은 파편들은 맨틀 위에 안착하여 지각층이 되었을 것입니다. 이때 마지막 가벼운 입자인 흙, 먼지, 모래, 작은 돌들이 만들어져 지열로 지상에 떠 있다가 땅이 식은 후에 다시 마지막으로 지표면에 쌓이면서 식물이 자라는 토양층을 이루게 되었을 것으로 생각됩니다. 그리고 가벼운 질소, 산소, 이산화탄소 등은 지면 위로 올라가 대기층을 형성하였을 것입니다.

물은 땅 열을 냉각하는 과정에서 기체(수증기)로 변하여 상승하고 차가운 기류를 만나서 빗물이 되어 다시 지상으로 내려오면서 꾸준히 지열을 냉각시켰습니다. 이러한 물은 충돌할 때 생긴 깊고 넓은 지형으로 모이면서 지금의 바다가 되었습니다. 이러한 물은 충돌할 때 생긴 깊고 넓은 지형으로 모이면서 지금과 같은 바다가 되었을 것이며, 물이 바다로 흐르는 과정에서 계곡과 강이 만들어졌을 것으로 생각됩니다. 필자는 여기까지가 3단계에서 지구가 만들어진 과정이라고 추리하고 있습니다.

최초의 하늘과 땅이 만들어진 원리

　필자가 이 책을 쓰는 이유는 청소년들에게 하나님의 천지창조가 절대 비과학적 신화가 아니라 과학적 법칙에 의해 창조되었다는 것을 알려 주기 위함입니다. 따라서 이 책에서는 하나님의 천지창조와 과학의 천지창조를 서로 비교해 가면서 가능한 한 서로 연결시키는 작업을 해 나갈 것입니다.

　여기서 청소년 여러분들이 꼭 알아야 할 것은 현재까지 밝혀진 과학 또한 완전한 것은 아니란 사실입니다. 과거 뉴턴의 절대 법칙이 절대적인 과학처럼 여겨졌지만 아인슈타인의 상대성이론에 의해 바뀌었고, 아인슈타인의 상대성이론 또한 양자역학이 등장함에 따라 수정하게 되었습니다. 이처럼 과학은 계속 발전하는 가운데 있는 것이지 완전한 진리는 아니기에 현재까지 밝혀진 과학이라 하더라도 논리적으로 이해가 안 되는 부분은 성경에 맞추어 다시 과학적으로 생각해 보는 작업도 해 볼 생각입니다.

　따라서 이 책에서는 성경의 천지창조와 현대과학의 천지창조를 비교해 가며 성경의 천지창조를 현대과학과 연결시키는 방향으로 이야기를 진행해 보려 합니다. 먼저는 성경의 천지창조를 중심으로 이야기하면서 현대과학에서는 이러한 천지창조를 어떤 시각으로 보고 있는지 설명하고, 다시 성경과 연결시키는 방법으로 이야기를 이어 나가도록 하겠습니다.

• 태초에 지구를 어떻게 창조하였을까?

앞에서 태초에 야훼 하나님은 인간을 창조할 꿈이 있었다고 했습니다. 발을 딛고 살 수 있는 터를 어떻게 만들 것인가를 설계(생각)하였습니다. 이러한 설계가 잘 이루어질 것이란 믿음이 담긴 말씀으로 천지를 창조하셨습니다. 말씀에 담긴 법칙 속에서 지구와 해와 달, 별들을 창조하였습니다. 지구에는 각종 나무와 채소와 과일나무를 창조하였습니다. 가축과 기는 것과 동물들을 창조하였습니다. 마지막에 인간을 만들어서 이 모두를 다스리도록 하였습니다.

창조된 모든 것들이 생육하고 번성하도록 암컷과 수컷을 만들었습니다. 사람은 남자와 여자를 만들었습니다. 야훼 하나님은 모든 창조물에 법칙을 세우셨습니다. 지구와 우주는 무한한 자전과 공전 시스템으로 창조하였습니다. 식물과 동물들은 생육하고 번성하도록 하는 법칙하에 창조하였습니다. 그리고 이 모든 창조물들이 하나님께 순종하도록 하였습니다. 인간에게는 영광받기를 원하셨습니다. 이러한 하나님의 영성을 생각하며 성경의 창조 과정을 살펴보도록 하겠습니다.

창세기 1장 1절에 '태초에 하나님이 천지를 창조하시니라'라는 내용이 나옵니다. 이 말씀에는 천지창조에 대한 하나님의 뜻(꿈)이 담겨 있다고 생각합니다.

먼저 천지를 창조한 주인공이 바로 야훼 하나님이라는 사실을 알 수 있습니다. 그리고 천지창조를 시작한 시간이 물질세계가 창조되기 전인 태초(하늘과 땅이 맨 처음 생겨난 때)임을 알 수 있습니다. 그리고 이때 하나님이 만든 것이 바로 천지, 곧 하늘과 땅임을 알 수 있습니다. 여기에서 하늘은 우주 공간임을 알 수 있고 땅은 물질세계임을 알 수 있습니다.

물질을 만들려면 먼저 재료가 있어야 합니다. 재료 없이는 아무것도 만들 수 없기 때문입니다. 필자의 생각으로 하나님이 천지를 창조할 당시 우주 공간은 아직 빛이 없었기 때문에 암흑 상태였으며 미시입자로 가득하였을 것으로 생각됩니다. 하나님은 바로 이 미시입자들을 천지창조의 재료로 사용하였을 것입니다. 미시입자들은 하나님의 말씀에 의한 소리에너지가 에너지 물질 변환 원리에 의해 물질로 변하여 나타난 것으로 추리됩니다.

미시입자들은 주변의 입자들과 합해지면서 덩어리가 되고 중력을 갖게 되었을 것입니다. 이러한 미시입자 덩어리는 중력을 이용하여 주변의 입자들을 끌어들였습니다. 이렇게 덩어리가 커지면서 별들이 만들어졌습니다. 우주의 무수한 입자들이 모이고, 뭉치면서 별들이 만들어진 것입니다. 별들이 만들어지는 과정에서 우주에 있던 입자가 점점 사라졌고 남은 우주 공간은 진공 상태가 되었을 것으로 추정합니다.

지구의 창조(생성)도 이러한 미시입자의 결집으로부터 시작되었을 것입니다. 처음에 물을 만드는 성분과 땅을 형성하는 성분을 결집하면서 지구의 모태 성체가 만들어졌을 것으로 생각됩니다. 모태 성체의 크기는 현재의 지구 크기와 비슷했을 것으로 추정됩니다.

야훼 하나님은 모태에 잠재된 땅 성분과 물 성분을 나누기 위해 빛이란 성체를 만들었습니다. 물과 땅 성분을 분리하려는 목적은 충돌을 유발하려는 목적이었습니다. 이렇게 분리된 물 성체와 땅 성체가 충돌을 일으켜서 차가운 물은 뜨거운 땅 성체를 냉각시키는 데 사용됩니다. 지구 내부는 내핵, 외핵, 맨틀, 지각과 외부로는 바다, 하늘. 육지로 된 지구가 탄생한 것으로 간략히 해석(설명)합니다.

• **현대과학에서 말하는 하늘과 땅의 창조 과정**

현대과학에서는 하늘과 바다, 땅이 처음에 어떻게 만들어졌다고 보고 있을까요?

현재 하늘과 땅은 물질과 에너지 그리고 공간으로 이루어져 있습니다. 이러한 것들이 만들어지기 위해서는 제일 먼저 에너지가 있어야 합니다. 현대과학에서는 이 에너지가 빅뱅이라는 최초의 대폭발 사건에 의해 만들어졌다고 이야기합니다. 그리고 이 에너지가 아인슈타인의 공식에 의해 최초의 입자로 만들어졌을 것으로 여기고 있습니다.

이제 이 입자들의 결합으로 물질이 만들어지게 됩니다. 물질을 만들 수 있는 가장 작은 입자는 그림과 같이 원자핵 1개와 전자 1개로 이루어진 모양입니다.

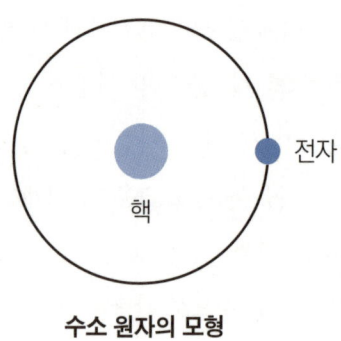

수소 원자의 모형

이것을 수소 원자라고 하는데, 이 수소 원자끼리 핵융합으로 결합하면 원자핵 2개, 전자 2개의 헬륨 원자가 만들어집니다. 이런 식으로 계속하여 핵융합 반응이 일어나면서 여러 종류의 원자들이 만들어집니다.

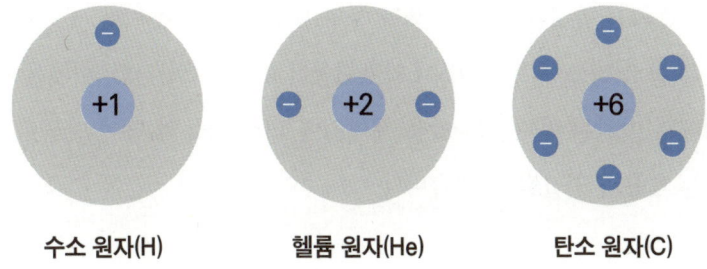

수소 원자(H)   헬륨 원자(He)   탄소 원자(C)

위 원자모형 그림에서 헬륨은 원자핵과 전자가 각각 2개씩 가진 원자이고, 탄소는 원자핵과 전자가 각각 6개씩 가진 원자임을 알 수 있습니다. 이런 식으로 원자핵과 전자의 수가 계속하여 늘어나면서 다른 종류의 원자가 만들어지는데, 현재 우주에는 100개 이상의 서로 다른 원자(원소라고 함)가 만들어져 있습니다.

이 원자들이 결합하여 각종 물질을 만들어 냅니다. 예를 들어 지구에서 가장 중요한 물은 수소 원자 2개와 산소 원자 1개가 결합하여 만들어집니다. 돌의 주성분인 탄산칼슘은 칼슘 원자 1개와 탄소 원자 1개, 산소 원자 3개가 결합하여 만들어집니다. 모래의 주성분인 석영은 규소 원자 1개와 산소 원자 2개가 결합하여 만들어집니다.

이런 방식으로 우주에 우주먼지가 만들어졌고 물이 만들어졌고 흙과 모래와 돌도 만들어졌습니다.—우주먼지는 주로 규소 원자를 포함한 여러 원자로 이루어져 있는 물질입니다.

과학에서 말하는 하늘과 땅의 창조 원리도 처음에 빅뱅 에너지에 의해 공간(하늘)과 물질(땅)이 창조되었다고 이야기합니다. 이것은 성경에서 말하는 하나님의 말씀 에너지에 의해 하늘과 땅이 만들어졌다는 내용과 연결될 수 있습니다.

창세기의 빛 창조와 시간 순서에 대한 이해

• **최초의 빛은 무엇이었을까**

성경 창세기 1장 3절에는 다음과 같은 기록이 있습니다.

'하나님이 가라사대 빛이 있으라 하시매 빛이 있었고'

신학에서나 과학에서 태초의 빛에 대한 해석을 하고 있습니다. 태초의 빛을 빅뱅이라고 보는 해석도 있습니다. 그 외에도 여러 가지 해석이 있을 것입니다. 하지만 필자가 보기에 창세기 1장 3절에 나오는 빛은 빅뱅과 같은 우주의 빛이 아니라 지구를 창조하기 위해 하나님이 만든 빛으로 생각됩니다. 왜냐하면 빛의 창조 다음에 나오는 내용들이 모두 지구 창조를 이야기하고 있기 때문입니다. 만약 이 빛이 빅뱅의 빛이라면 다음 구절과 연결되지 않는 문제가 생깁니다. 필자는 이러한 문제를 해결하기 위해 이 빛을 지구 창조를 위한 창조의 빛으로 생각하게 되었습니다. 이 빛은 그냥 빛이 아니라 높은 온도와 강력한 중력을 가진 빛이었을 것으로 추정됩니다. 그래야 다음의 창세기 1장 2절의 말씀과 연결시킬 수 있기 때문입니다.

땅이 혼돈하고 공허하며 흑암이 깊음 위에 있고 하나님의 신은 수면에 운행하시니라 많은 성경학자는 3절의 빛을 창조하기 전 2절에서 갑자기 땅과 물이 나오는 것에 대해 잘 설명하지 못하고 있습니다. 이에 필자는 2절에서 창조된 땅과 물을 지구를 만들기 위한 모태 성체로 추리하게 되었습니다. 이러한 모태 성체가 먼저 만들어진 후에 모태 성체의 물에 잠재된 땅 성분을 흡수하기 위해 높은 온도와 강력한 중력을 가진 빛을 창조한 것으로 추리한 것입니다. 앞에서도 이야기했듯 빛이 지닌 중력은 모태 성체에 잠재된 땅 성분을 빛으로 이동시켰습니다. 먼저 중력에 잘 반응하는 철 성분이 빛으로 이동하였을 것입니다. 이렇게 추리하는 이유는 현재 지구 내부 핵 부분에 철 성분이 많이 포함되어 있기 때문입니다.

땅 성분이 빛으로 이동하는 과정에서 높은 열로 인하여 죽 같은 액체 상태가 되었을 것입니다. 하나님이 땅 성분을 죽 같은 액체 상태로 만든 것은 장차 지구를 만들 때 여러 형태로 만들기 위해서라고 생각됩니다.

- **창세기 1장의 시간 계산**

빛의 창조에서 중요한 것은 이때부터 비로소 날 수를 계산한다는 사실입니다. 이전에 모태 성체가 만들어지는 시간은 날로 계산하지 않았는데 이때부터 첫째 날, 둘째 날이 계산됩니다. 천지창조는 1절부터 시작되었는데 왜 3절부터 시간을 계산하는 것일까요? 이것은 마치 인간도 자궁이 만들어질 때부터 나이를 계산하지 않고 실제 자궁에서 태아가 생길 때부터 나이를 계산하는 것과 비슷하다고 볼 수 있습니다. 창세기 1장의 천지창조 기록은 오직 지구 창조에 집중하기 때문에 빛부터 시작된 지구 창조 중심으로 시간을 계산한 것이 첫째 날, 둘째 날…이라고 할 수 있는 것입니다.

오늘날 과학이 밝혀낸 우주의 나이는 약 138억 년, 태양계와 지구의 나이는 대략 46억 년입니다. 그런데 교회에서는 창세기 1장의 기록을 단지 문자 그대로 받아들여 단 6일 만에 천지를 창조한 것으로 믿고 있습니다. 이것은 과학이 밝혀낸 시간과 차이가 나도 너무 나기에 문제를 일으키고 있습니다. 하지만 1~2절에서 얼마의 시간이 지났는지 알 수 없기에 6일 만에 창조되었다는 생각은 당장 맞지 않습니다.

또 첫째 날, 둘째 날… 등의 시간도 실제 세상의 시간과는 차이가 있음을 발견할 수 있습니다. 왜냐하면 '첫째 날'이라고 번역된 시간이 원어성경에서는 '에하드'라고 해서 '하나의 날'을 뜻하기 때문입니다. 하나의 날이란 첫째 날이 아니라 하나님의 날, 하나님의 시간(시간적 개념)을 뜻합니다. 성경에서 하나님의 시간은 하루가 천 년 같고 천 년이 하루 같다고 했습니다. 이것은 하나님의 시간을 세상의 시간으로 계산하면 안 된다는 것을 뜻합니다. 그런 점에서 창세기 1장에 기록된 시간이 6일이라는 주장보다는 과학에서 밝혀낸 148억 년, 46억 년이 더 가까울 가능성이 훨씬 높습니다.

• 창세기 1장의 시간 순서

다음으로 알아야 할 것은 창세기 1장의 시간 전개 순서입니다. 일반적으로는 첫째 날부터 여섯째 날까지 시간 순서대로 지구와 우주가 창조되었을 것으로 이해되고 있습니다. 하지만 이렇게 보면 몇 가지 문제가 생기게 됩니다. 셋째 날 식물이 만들어지는데, 그보다 늦은 넷째 날 태양이 만들어지기 때문입니다. 그리고 별도 넷째 날이 되어서야 만들어집니다.

여기에서 우리가 알아야 할 것은 창세기 1장의 문장이 시적 구조로 지어졌다는 사실입니다. 그것은 '저녁이 되고 아침이 되니', '보시기에 좋았더라'와 같이 반복되는 문장에서 힌트를 얻을 수 있습니다. 시는 문장을 매우 상징적으로 표현한다는 점에서 일반 문장과 큰 차이가 있습니다. 그래서 마치 노래 가사처럼 반복되는 어구도 사용하는 것입니다.

시에서 나타나는 또 다른 특징은 문단을 나누는 것처럼 연(시에서, 몇 행을 한 단위로 묶어서 구분한 부분)을 나눈다는 점입니다. 이때 연과 연은 시간순으로 배열되는 것이 아니라 대칭 구조로 배치됩니다. 1연과 2연이 서로 대칭되는 식으로 말입니다.

창세기 1장에서 첫째 날부터 여섯째 날까지의 배열은 두 개의 연으로 구성되어 있다고 볼 수 있습니다. 즉 첫째 날부터 셋째 날까지가 1연이고, 넷째 날부터 여섯째 날까지가 2연입니다. 이때 1연과 2연은 서로 대칭 구조를 이루고 있습니다.

1연	2연
첫째 날 - 빛 둘째 날 - 바다, 지구 하늘 셋째 날 - 땅, 식물	넷째 날 - 해, 달, 별 다섯째 날 - 수중동물, 새 여섯째 날 - 육지동물, 인간

이렇게 놓고 보면 첫째 날부터 여섯째 날까지의 배열이 1연과 2연으로 나뉘어 서로 대칭되고 있다는 것을 알 수 있습니다. 첫째 날의 빛은 넷째 날의 빛을 내는 해, 달, 별의 창조와 연결됩니다. 둘째 날의 바다(궁창 아래의 물)와 지구의 하늘은 다섯째 날의 수중동물, 새와 연결됩니다. 셋째 날의 땅과 식물은 여섯째 날의 육지동물, 인간과 연결됩니다.

여기에서 알 수 있는 것은 첫째 날부터 셋째 날까지의 1연이 넷째 날부터 여섯째 날까지의 2연을 창조하기 위한 바탕을 이루는 역할을 한다는 점입니다. 첫째 날 빛의 창조는 넷째 날 해, 달, 별을 만드는 바탕이 됩니다. 둘째 날 바다와 지구 하늘의 창조는 다섯째 날 수중동물과 새를 만드는 바탕이 됩니다. 셋째 날 땅과 식물의 창조는 여섯째 날 육지동물과 인간을 만드는 바탕이 됩니다.

이렇게 1연에서 첫째 날과 2연에서의 넷째 날, 1연에서 둘째 날과

2연에서의 다섯째 날, 1연에서 셋째 날과 2연에서의 여섯째 날의 창조는 서로 연결되는 시간으로 일어났다고 이해할 수 있습니다. 이것은 첫째 날부터 여섯째 날까지 쭉 시간순으로 창조가 일어났다고 생각하는 것과는 차이가 있습니다.

다른 하나의 가설을 생각해 보면, 우리가 집을 지을 때 먼저 본체를 짓지만, 동시에 주변 울타리도 짓고, 도로도 내고, 본체를 완성하기 위해 여러 가지 준비 작업을 합니다. 이렇듯이 지구를 만드는 과정에서 해와 달과 별을 만들고 있었을 것으로 추정할 수도 있습니다.

창세기의 천지창조를 이런 시각으로 보면 창세기 1장의 내용과 현재 과학에서 주장하는 우주 창조의 시간과 순서가 크게 다르지 않음을 알 수 있습니다. 이로써 성경은 단지 신화적 구성이 아니라 매우 과학적인 구성으로 이루어져 있음을 알 수 있는 것입니다.

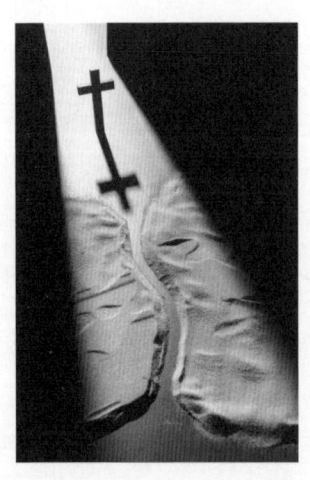

첫째 날, 빛이 있으라 하니 빛이 있었고

이제부터 본격적으로 창세기에서 말하는 1일째부터의 천지창조 내용을 살펴보도록 하겠습니다. 1일째부터의 천지창조에서 주인공은 지구입니다. 모든 창조는 지구를 만들고 인간을 만들기 위한 장치로서 이루어집니다. 이때 꼭 알고 있어야 하는 것은 지구를 창조하기 위한 기본 물질로 이루어진 모태 성체가 이미 만들어져 있다는 사실입니다. 창세기 1장 2절에서 '땅이 혼돈하고 공허하며 흑암이 깊음 위에 있고 하나님의 신은 수면에 운행하시니라'라는 말씀에서는 이미 땅과 물이 등장합니다. 필자는 이때 만들어진 땅과 물의 정체는 무엇일까를 고민하다가 하나님의 신은 수면에 운행하시니라, 라는 말씀에서 지구를 만들기 위해 하나님이 준비한 모태 성체를 생각하게 되었습니다. 즉 '하나님의 신은 수면에 운행하시니라'라는 말씀에서 땅 성분이 물이 되는 성분 속에 잠재된 성운 같은 모태 성체의 모양을 추정하게 된 것입니다. 이러한 추정을 한 이유는 창세기 1장 2절에 이미 땅과 물 성분이 나오고 또 현재 지구가 물과 땅으로 이루어졌기 때문입니다. 이렇게 모태 성체가 만들어지는 가운데 드디어 지구를 창조하기 위하여 하나님의 영이 움직이고 있는 것입니다.

- **창세기 1장 3절 – 빛이 있으라 하시매 빛이 있었고**

지구 창조를 위해 첫째 날 하나님이 제일 먼저 만드신 것은 빛입니다. 1단계 지구 창조의 과정이 일어난 것입니다. 그렇다면 빛은 어떻게 만들어질 수 있었을까요? 성경 말씀은 단지 하나님이 빛이 있으라 하시니 빛이 있었다고 기록되어 있습니다. 이것은 하나님이 말씀 한마디로 빛이 만들어진 것처럼 되어 있지만, 사실은 '하나님이 빛이 있으라 하시매'라는 문장과 '빛이 있었다'라는 문장 사이에는 엄청난 과학 법칙에 의한 과정들이 있었다고 이해할 수 있습니다. 그렇다면 두 문장 사이에는 어떤 과정들이 있었을까요?

빛이 창조되기 전의 물질세계는 2절에 나타난 바와 같이 온통 암흑과 혼돈으로 뒤덮여 있었습니다. 하지만 빛이 창조되면서 비로소 물질은 모습을 드러내었고 물질에 질서가 부여되기 시작했습니다. 그런 점에서 빛은 물질의 모습을 드러내고 질서를 부여하여 세상을 돌아가게 하는 원동력이라 할 수 있습니다.

- **빛이 만들어지는 과학적 원리**

그렇다면 이러한 빛은 어떤 과학적 원리에 의해 만들어졌을까요? ―하나님은 반드시 과학 법칙에 의해 창조한다는 사실을 잊지 마세요― 먼저 성경의 기록처럼 하나님께서 "빛이 있으라"라고 하는 말씀에너지가 원인이 되어 빛이 만들어졌을 가능성을 생각해 볼 수 있습니다. 또 이미 하나님이 만드신 물질에 의해 빛이 만들어졌을 가능성도 추측해 볼 수 있습니다. 빛은 물질의 반응에 의해 만들어지기 때문입니다. 물질의 반응에 의해 빛이 만들어지는 과정에는 다음 3가지 경우가 있습니다.

1. 물질이 열과 같은 에너지를 흡수하는 반응이 일어날 때 빛이 발생합니다. 물질에 열이 가해지면 물질을 이루는 원자나 분자의 운동이 활발해지면서 이때의 에너지가 빛으로 방출됩니다. 예를 들어 금속이 매우 뜨거워졌을 때 벌겋게 되면서 빛을 방출하는 것이 바로 이와 같은 원리 때문입니다.

2. 물질이 화학적 반응을 일으킬 때 빛이 발생하게 됩니다. 화학적 반응이란 물질과 물질이 반응하여 다른 물질이 생기는 반응을 뜻합니다. 물질과 물질이 반응하여 다른 물질이 생기기 위해서는 물질을 이루고 있는 원자나 분자의 결합이 끊어져야 하는데 이때 결합이 끊어지면서 에너지가 열이나 빛의 형태로 방출되는 것입니다. 예를 들어 불꽃놀이에서 화려한 색깔의 빛이 만들어지는 것이 바로 물질의 화학 반응에 의해 나타나는 현상이라고 할 수 있습니다.

3. 물질을 이루고 있는 원자는 원자핵과 전자로 이루어져 있는데 이때 원자핵끼리의 반응이 일어날 때 빛이 발생하게 됩니다. 원자핵과 원자핵이 서로 융합하는 핵반응을 핵융합이라고 하는데 이 핵융합 반응이 일어날 때 엄청난 빛과 열이 발생하게 됩니다. 태양에서

나오는 햇빛과 태양열이 바로 핵융합 반응에 의해 나타나는 빛과 열이라고 할 수 있습니다. 또 원자핵과 원자핵이 서로 붙어 있다가 분열하는 반응을 핵분열 반응이라고 하는데 이러한 핵분열 반응이 일어날 때도 엄청난 빛과 열이 발생하게 됩니다. 지구 내부에도 핵이 있는데, 지구 내부의 핵에서 핵분열 반응이 일어나고 있습니다.

우리는 물질의 반응에서 빛이 생기는 경우를 살펴보았습니다. 그렇다면 창세기 1장 3절에서 만들어진 빛은 어떤 빛일까요? 이것은 물질의 반응에 의해 나타난 빛일 수도 있고 하나님의 말씀 에너지에 의해 생성된 빛일 수도 있습니다. 중요한 것은 이 빛은 지구를 창조하기 위한 창조의 빛이란 사실입니다. 우리는 창세기 1장 3절부터 기록되는 내용이 오직 지구의 창조에 집중하고 있다는 사실을 기억해야 합니다. 그런 점에서 첫째 날 만들어진 빛은 지구를 만들기 위한 창조의 빛입니다.

하나님께서는 지구 창조를 위해 모태 성체를 만들어 놓으셨고 이때 모태 성체는 빛 하나 없이 깊은 암흑과 무질서한 혼돈 가운데 있었습니다. 하나님께서는 이런 가운데 지구를 만들기 위한 최초의 빛을 창조하셨던 것입니다. 그렇다면 이 빛은 어떤 모양을 갖추고 있었을까요? 이 빛이 창조의 빛이 되기 위해서는 우리가 생각하는 햇빛과 같은 모양이 아니라 엄청난 빛과 열을 발산하는 불덩어리를 생각해 볼 수 있습니다. 왜냐하면 이 빛이 불덩어리 모양이 되어야 비로소 지구를 창조할 수 있는 힘을 발휘할 수 있기 때문입니다. 그 모양을 대략 예측하면 다음과 같다고 볼 수 있습니다.

 엄청난 빛과 열을 발산하는 불덩어리는 매우 응축된 물질로 이루어져 있기 때문에 엄청난 중력을 나타내었을 것으로 추측됩니다. 이제 이 중력은 지구를 창조하는 원동력이 됩니다. 이미 만들어져 있던 모태 성체로부터 지구 창조를 위한 물질들을 끌어당길 수 있기 때문입니다.

둘째 날, 물 가운데에 궁창이 있어
물과 물로 나뉘라

창세기 1장의 둘째 날에는 다음과 같은 말씀이 기록되어 있습니다.

창세기 1장 6~8절
하나님이 가라사대 물 가운데 궁창이 있어 물과 물로 나뉘게 하리라 하시고 하나님이 궁창을 만드사 궁창 아래의 물과 궁창 위의 물로 나뉘게 하시매 그대로 되니라 하나님이 궁창을 하늘이라 칭하시니라 저녁이 되며 아침이 되니 이는 둘째 날이니라

이 말씀을 바탕으로 당시의 상황을 상상하며 지구의 하늘(궁창)과 물이 어떻게 창조되는지 추리해 보도록 하겠습니다.

• 창조 2단계 궁창과 물이 만들어지는 과학적 과정 추리 1

창조의 둘째 날에는 지구의 하늘이 만들어지는 장면이 묘사되고 있습니다. 그런데 그 묘사하는 장면이 매우 독특합니다. '하나님이 가라사대 물 가운데에 궁창이 있어 물과 물로 나뉘게 하리라 하시고'라는 말씀과 함께 궁창, 곧 하늘을 만들기 때문입니다. 이러한 말씀을 우리의 상상만으로 이해하기란 쉽지 않습니다. 필자는 이를 이해하

기 위해 앞에서 언급한 모태 성체에 관한 이야기를 했었습니다. 이제 모태 성체와 연결시켜 지구의 하늘이 창조되는 장면을 상상해 보도록 하겠습니다.

우리는 앞에서 모태 성체가 지구를 만들기 위한 여러 가지 물질(땅 성분과 물 성분)로 구성되어 있다고 했습니다. 그중에 물 성분이 있었는데 지구가 만들어질 당시 지구 주변의 모태 성체는 창세기 1장 6절에서 '물 가운데'라는 말이 나올 정도로 거의 많은 물로 이루어진 상태임을 알 수 있습니다. 지구를 이루는 구성 물질은 생명을 상징하는 물이 주가 되어야 하기 때문에 이러한 환경이 만들어진 것으로 이해할 수 있습니다. 또 지구 주변의 모태 성체에는 미래에 땅을 이루기 위한 성분들도 포함되어 있었습니다. 이를 바탕으로 당시 모태 성체의 환경을 그림으로 표현하면 다음과 같을 것으로 추측됩니다.

모태 성체 상상도

이러한 모태 성체가 있는 환경 속에서 첫째 날에 만들어진 빛(불덩어리)의 불덩어리가 강력한 중력을 나타내면서 모태 성체의 물질들을 끌어당기기 시작했습니다. 빛의 불덩어리는 먼저 모태 성체의 땅 성분들을 끌어당기면서 점차 형체를 만들었을 것으로 추측됩니다. 모태 성체의 물 성분과 땅 성분 중 땅 성분을 먼저 끌어당긴 것은 당시 빛이 매우 뜨거운 상태였기에 모태 성체의 땅 성분과 물 성분 중 땅 성분이 물 성분보다 상대적으로 덜 차갑기 때문으로 생각됩니다.

이렇게 처음에 빛의 불덩어리는 중력의 힘으로 모태 성체의 땅 성분을 먼저 끌어들였습니다. 땅 성분 가운데 자기력에 잘 반응하는 철 성분이 가장 먼저 빛의 불덩어리로 이동했을 것으로 추리합니다. 현재 지구 외핵과 내핵의 주성분이 철과 니켈이기 때문입니다. 그리고 나머지 땅 성분까지 모조리 끌어당겨 흡수했는데 이때 땅 성분은 당시 매우 강렬한 열기로 인해 모두 죽과 비슷한 액체 상태가 되었을 것으로 추정됩니다.

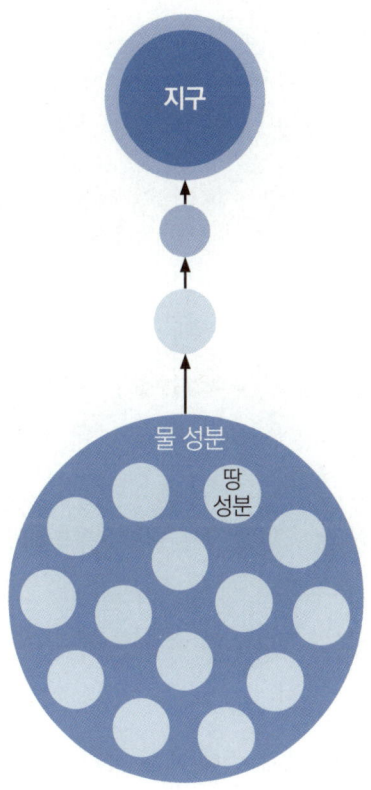

　빛의 불덩어리가 모태 성체의 땅 성분을 모두 다 끌어들이고 났을 때의 모습은 액체 상태의 땅 성체와 모태 성체에 남은 물 성체로 나누어진 모습입니다. 그 모습을 그림으로 나타내면 다음과 같습니다.

 이 모습은 빛의 고온으로 인해 액체 상태가 된 땅 성체와 아직은 차가운 물 성체로 나뉘어 떨어져 있는 모습이라고 할 수 있습니다. 이때 두 성체가 서로 떨어져 있는 공간을 성경에서는 궁창(하늘)이라고 불렀던 것입니다. 이때 궁창 위의 물은 액체 상태의 땅 성체가 되고 궁창 아래의 물은 모태 성체에 남은 물이 되는 것입니다. 즉 두 성체가 서로 떨어진 공간이 궁창이 되며 이 궁창을 하늘이라 불렀던 것입니다.

 이로써 창세기 1장 7절에 나오는 '하나님이 궁창을 만드사 궁창 아래의 물과 궁창 위의 물로 나뉘게 하시매'라는 말씀이 이루어지게 됩니다.

  필자가 이러한 과학적 상상을 하게 된 것은 둘째 날 창조에서 성경에 기록된 '물 가운데 궁창이 있어 물과 물로 나뉘게 하리라 하시고 하나님이 궁창을 만드사 궁창 아래의 물과 궁창 위의 물로 나뉘게 하시매'라는 말씀을 역추리하는 과정에서 이루어졌음을 다시 한번 말씀드립니다. 지구가 어떻게 이루어졌는지에 주목했습니다. 그리고 추리해 낸 것이 모태 성체였습니다. 그리고 모태 성체는 땅 성분과 물 성분으로 이루어져 있다고 앞에서 이야기했습니다. 필자의 과학적 추리를 다시 정리해 보겠습니다.

  빛에 만들어진 불덩어리는 모태 성체에 포함되어 있는 땅 성분을 끌어당기기 시작합니다. 불덩어리 빛에 끌려온 땅 성분은 초고온의 열로 인해 액체 상태가 됩니다. 이렇게 하여 초기 지구 창조의 환경은 빛에 끌려온 땅 성분과 모태 성체에 남은 물 성분으로 나누어지게 되었습니다. 이때 빛을 포함한 액체 상태의 땅 성체(액체 상태이기 때문에 궁창 위의 물이라고 봄)는 하늘 위에 있고 물 성체는 하늘 아래(궁창 아래의 물)에 위치하면서 그 사이를 궁창, 즉 하늘이라고 하나님은 이름을 지었습니다.

  그리고 이어진 말씀에서 저녁과 아침이 나오는데 이것은 낮과 밤이 생겼다는 뜻으로 봐야 할 것입니다. 하지만 아직 지구가 완성되지 않았고 태양이 등장하기 전이므로 이때의 낮과 밤은 지구 기준이 아닌 모태 성체 기준으로 이루어졌다고 생각됩니다. 즉 첫째 날 창조된 빛에 의해 모태 성체가 드러나는 부분을 낮이라고 부르고, 모태 성체의 뒤 어두운 부분을 밤이라고 불렀다는 것입니다. 하나님은 이렇게 처음으로 낮과 밤의 개념을 세심하게 알려 주셨던 것입니다.

필자가 죽 같은 액체 상태로 되어 있는 땅 성체와 물 성분으로 이루어진 물 성체와 나눌 생각을 한 것은 그래야 서로 간의 충돌을 통해야 현재와 같은 지구의 모습을 만들 수 있다고 생각했기 때문입니다. 이런 충돌이 일어나야만 현재의 지구 모습을 만들어 낼 수 있습니다. 물렁물렁한 땅 성체와 물 성체의 충돌에 의해 현재 지구와 같은 모습을 갖출 수 있기 때문입니다.

물론 높은 온도의 땅 성체와 낮은 온도의 물 성체 간의 충돌이 일어나기에는 물리적 어려움이 있습니다. 이 때문에 초기에는 땅 성체의 높은 열기로 인해 땅 성체는 물 성체와 떨어져 있었을 것입니다. 그러나 땅 성분이 빛으로 이동하는 중에 시간이 지나면서 땅 성체의 높은 온도는 서서히 내려갔을 것으로 추정됩니다. 그렇게 온도가 어느 정도 내려가 중력권이 물 성체에 미치게 되었을 때 비로소 물 성체를 끌어당겨 충돌을 일으켰을 것으로 추정됩니다. 이렇게 땅 성체와 물 성체가 하나로 합쳐지면서 중력권이 하나로 되면서 차가운 물은 지속으로 땅 성분의 열을 더욱 식히면서 딱딱한 고체(암석질)로 변하는 과정을 통하여 현재와 같은 지구의 모습을 갖추어 갔을 것으로 추정됩니다.

- **창조 2단계 궁창과 물이 만들어지는 과학적 과정에 대한 또 다른 추리 2**

과학적 추리에는 오류가 없어야 하는 것이 기본 상식입니다. 만약 추리 과정에 오류가 있다면 바로 잡는 과정이 추가되어야 할 것입니다. 필자는 앞에서 창조 2단계 과정에 대한 과학적 추리를 1차로 하였습니다. 하지만 이 추리에는 문제가 한 가지 있습니다. 궁창 위의 물을 빛과 열의 초고온으로 인해 액체 상태가 된 땅 성체로 보고 궁창 아래의 물을 모태 성체의 물 성체로 보았는데, 사실 액체 상태가 된 땅 성체는 액체 상태라는 점에서는 물과 비슷해 보이지만 과학적 성분으로는 물이 될 수 없는 문제가 있는 것입니다. 필자는 이 문제를 해결하기 위해 또 하나의 가설을 생각해 보았습니다. 다음은 궁창 위의 물과 궁창 아래의 물에 대한 두 번째 과학적 추리입니다.

두 번째 추리에서 상상해 낸 모태 성체의 환경은 마치 어머니의 자궁 속에서 아이가 잉태되는 모습에서 힌트를 얻어 추리해 낸 것으로 이것을 그림으로 표현하면 다음과 같습니다. 모태 성체에는 땅 성분을 이루는 덩어리와 물 성분을 이루는 덩어리가 혼합되어 있는 모습입니다.

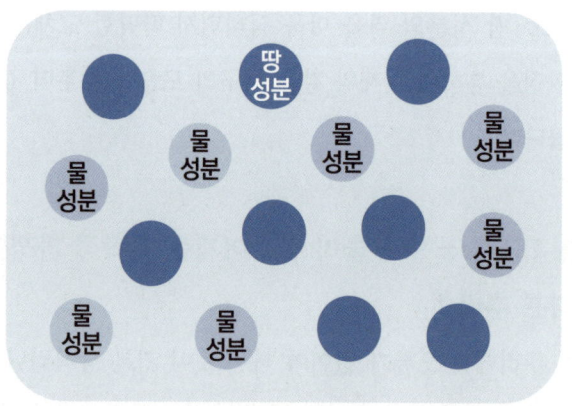

지구 창조 당시 지구 주변 모태 성체 상상도

이러한 모태 성체의 환경 속에서 앞에서 이야기한 첫째 날의 빛이 모태 성체의 중심부에 만들어졌을 것으로 생각됩니다. 이 빛은 앞에서 이야기한 바와 같이 강력한 빛과 열을 내는 불덩어리로 중력을 가진 빛입니다. 이 모습을 그림으로 나타내면 다음과 같습니다.

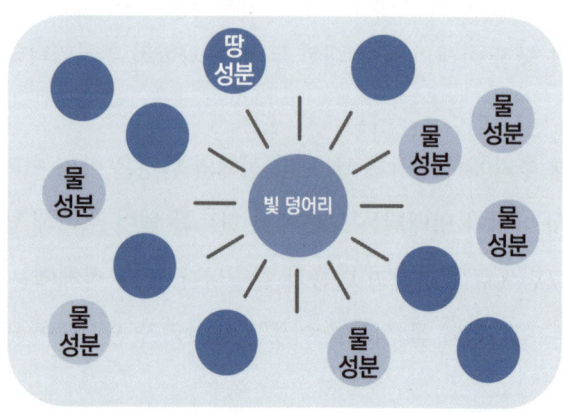

이제 빛 덩어리는 강력한 중력으로 모태 성체의 땅성분 물질들을 끌어당기면서 점차 형체를 만들었을 것으로 추측됩니다. 모태 성체의 물 성분과 땅 성분 중 땅 성분을 먼저 끌어당긴 것은 앞에서도 이야기했듯 땅 성분이 물 성분보다 상대적으로 덜 차갑기 때문으로 생각됩니다. 당시 빛 덩어리는 매우 뜨거운 상태였습니다. 그 모습을 그림으로 나타내면 다음과 같습니다.

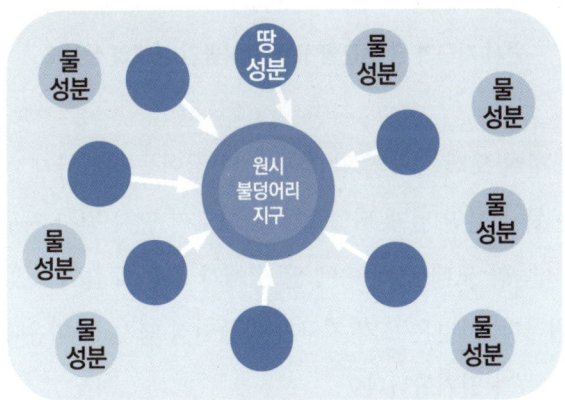

원시 지구가 땅 성분을 끌어들이는 상상도

처음에 불덩어리는 모태 성체의 땅 성분을 계속 끌어들이는 과정에서 처음에 고체 상태였던 땅 성분들은 불덩어리의 강한 열 때문에 물렁물렁한 액체 상태가 되었을 것으로 추정됩니다. 이렇게 하여 모태 성체의 땅 성분을 모두 끌어들였을 때의 모습은 다음과 같습니다.

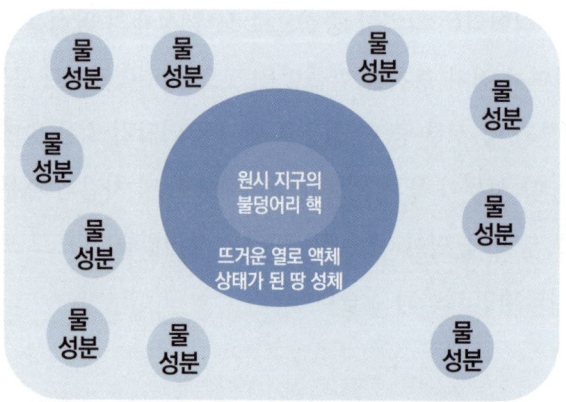

원시 지구가 땅 성분을 모두 끌어들인 상태의 상상도

 이렇게 하여 모태 성체의 땅 성분을 다 끌어들이고 나자 이제 모태 성체에는 물 성분만 남게 되었습니다. 이로써 당시 원시 지구의 상황은 물로 가득한 모태 성체 속에 땅 성체가 있는 모습이 되었을 것으로 추측됩니다. 이것은 초기 지구가 만들어질 당시 물 가운데 있었다는 성경 말씀과 일치합니다.

 이제 당시의 모습은 원시 불덩어리 땅 성체와 모태 성체의 물 성분으로 나뉘진 모습입니다. 이때 땅 성체는 처음의 빛 덩어리보다 훨씬 커졌고 중력도 더 강해졌을 것입니다. 땅 성체는 이제 이러한 중력을 바탕으로 모태 성체의 물 성분을 끌어당기기 시작합니다. 이것을 그림으로 표현하면 다음과 같습니다.

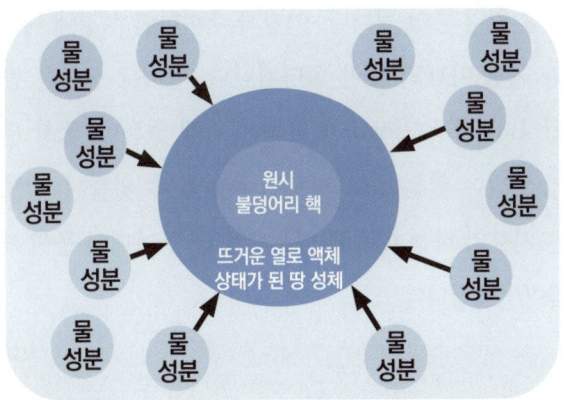

원시 불덩어리 땅 성체가 물 성분을 끌어들이는 상상도

우리는 해일이나 홍수의 수해 등을 통하여 물의 힘이 얼마나 강한지 알고 있습니다. 즉 원시 땅 성체가 모태 성체의 물 덩어리들을 끌어당길 때 엄청난 충돌이 일어났을 것으로 추정됩니다. 이때 물 덩어리들이 물렁물렁한 땅 성체와 충돌하면서 오늘날 지구의 바다와 땅의 모습이 되었을 것으로 추정됩니다. 물 덩어리가 더 많이 충돌한 부분은 지금의 바다가 되었고 덜 충돌한 부분은 지금의 육지가 되었을 것입니다.

이렇게 하여 원시 지구는 자신의 중력으로 끌어들일 수 있는 모태 성체의 물 성분을 모두 끌어들이게 됩니다. 하지만 모태 성체의 물 성분 중에서도 땅 성체의 중력권 밖에 있는 물 성분들은 그대로 남게 됩니다. 이때 땅 성체에 끌려 들어와 원시 지구의 물 성분이 된 부분은 궁창 아래의 물이 되고 땅 성체의 중력권 밖에 남아 있는 물 성분들은 궁창 위의 물이 됩니다. 이렇게 추리하면 성경에 나오는 궁창 위의 물과 궁창 아래의 물이 설명됩니다. 그리고 궁창은 곧 지구의 하늘이 됩니다. 지구 입장에서 하늘은 위에 있는데, 궁창 위의 물은 지구 대기권 밖에 있는 물이 되므로 추정할 수 있습니다. 또 지구에 남은 물은 지구의 하늘 아래에 있으므로 궁창 아래의 물이 되어 성경 기록과 맞아떨어집니다.

그리고 당시 중력으로 끌려 들어온 물 성분은 지구의 바다를 이루게 된 것으로 추리합니다(궁창 아래의 물). 그리고 지구의 중력권 밖에 있던 물은 그대로 우주공간에 남아 있는데(궁창 위의 물) 실제 지구 밖의 우주에도 물은 존재하고 있는 것이 그것을 증명합니다. 이로써 창세기 1장 7절에 나오는 '하나님이 궁창을 만드사 궁창 아래의 물과 궁창 위의 물로 나뉘게 하시매'라는 말씀이 이루어지게 됩니다. 이것이 필자가 고안해 낸 두 번째 가설입니다.

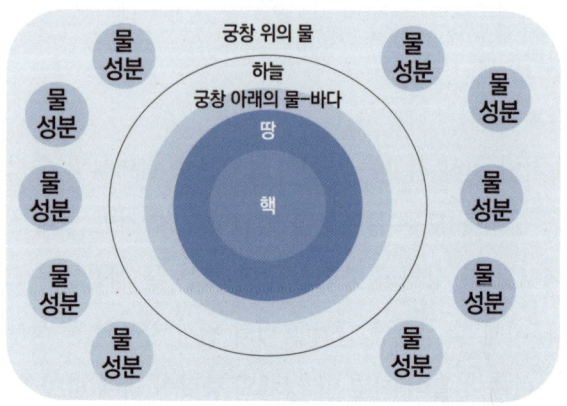

셋째 날, 천하의 물이 한곳으로 모이고 뭍이 드러나라

창세기 1장 9~10절에는 다음과 같은 말씀이 나옵니다.

> 하나님이 가라사대 천하의 물이 한곳으로 모이고 뭍이 드러나라 하시매 그대로 되니라 하나님이 뭍을 땅이라 칭하시고 모인 물을 바다라 칭하시니라 하나님의 보시기에 좋았더라

이 말씀은 셋째 날 이루어지는데, 비로소 지구의 땅과 바다가 모습을 드러내는 장면입니다. 그렇다면 이러한 땅과 바다는 어떻게 만들어졌을까요? 이는 원시 지구가 현재의 지구로 완성되는 과정에서 일어난 일로 이 과정은 3단계 지구 창조 과정에서 이루어진 것으로 추정합니다.

• 지구의 지각층이 만들어지는 원리

2단계에서 땅 성체와 물 성체 간에 서로 충돌이 일어났다고 했습니다. 이때 물 성체가 가진 물의 힘은 엄청났으며 당시 땅 성체의 모양을 바꿀 정도로 힘이 강했을 것으로 추정됩니다.

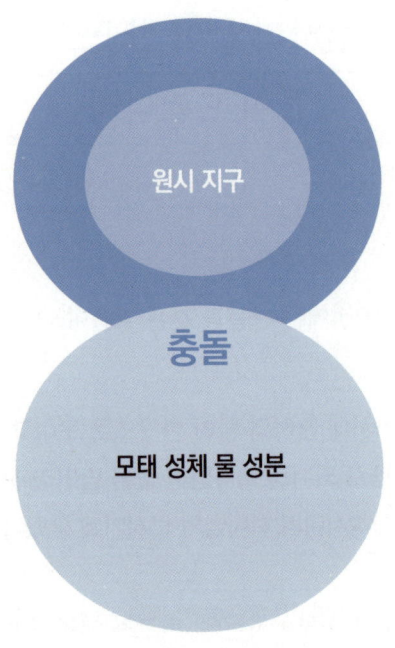

　물 성체가 땅 성체에 충돌할 때 지구 남반부에 충돌하였다고 생각됩니다. 이렇게 추정되는 것은 현재 지구를 보면 지구 남쪽 부분에 깊고 넓은 지역이 형성되어 있기 때문입니다.

　그리고 물 성체가 땅 성체와 충돌할 때 강력한 물 성체의 힘 때문에 물렁물렁한 땅 성체의 파편들이 물 성체의 중력권 안, 밖으로 떨어져 나갔을 것으로 추정합니다.
　왜냐하면 현재 지구의 남반구에 바닷물이 많이 있고 북반구에 육지가 많이 분포되어 있기 때문입니다. 그래서 남반구에 바닷물이 더 많이 차지한 것으로 추정됩니다.

한편 땅 성체와 물 성체 간 충돌할 때 강력한 충격으로 인해 액체 상태였던 땅 성분은 크고 작은 파편이 되어 중력권 안, 밖으로 떨어져 날아갔을 것입니다.

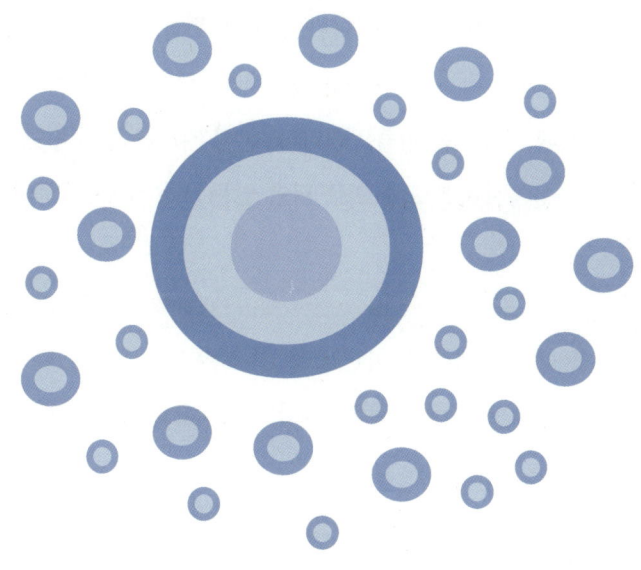

그리고 차가운 물 성분들은 땅 성체를 포위하면서 서서히 땅 성체를 냉각하기 시작하였습니다. 처음에 땅 성체가 물 성체와 충돌할 때 땅은 크게 여섯 조각으로 나뉘어졌습니다. 이것이 오늘날 육대주가 된 것으로 추정됩니다. 이러한 땅 성분들이 냉각되는 과정에서 액체 상태의 땅은 점점 고체 상태의 암석질로 지표면은 변했습니다. 이 고체 상태의 암석질은 두꺼운 석판인 맨틀이 되었습니다. 이러한 맨틀 중에서 식지 못한 채 더 깊숙이 들어간 성분은 외핵이 되었습니다.

그리고 처음에 만들어진 빛의 열 덩어리는 지구의 내핵이 되었다고 추정됩니다. 오늘날 내핵과 외핵이 불덩어리 같은 불덩어리 같은 모양을 하고 있는 것은 이런 과정을 거쳤기 때문으로 추정합니다. 한편 충돌할 때 떨어져 나간 많은 파편들은 맨틀 위에 안착하면서 지금의 지각을 이루었을 것으로 추정됩니다. 이때 파편들이 맨틀 위에 안착하면서 여러 조각으로 된 지각판을 형성하였고 또 올록볼록한 모양의 암석으로 된 지표면을 만들었습니다. 현재 지각층이 여려 판 구조와 지표면이 올록볼록한 모습으로 되어 있는 이유가 이 때문이라고 추정됩니다.

또 충돌할 때 떨어져 나간 파편들 중 더 작은 알갱이들은 아직까지 남아 있는 지열로 인하여 하늘에 떠 있다가 지표면이 식으면서 마지막에 지표면으로 내려앉게 되었습니다. 이것이 먼지, 흙, 모래, 작은 돌, 등이 되어 식물이 잘 자랄 수 있는 토양층이 되었습니다. 또 지구가 냉각되는 과정에서 지각층의 지하에는 각종 지하자원들이 만들어져 매장되었습니다.

• 지구의 공기와 바다, 강이 만들어지는 원리

지각에 들어온 물 성분은 땅 성분을 냉각하는 과정에서 지속적으로 질소, 산소, 이산화탄소 등의 기체를 만들었을 것으로 추정됩니다. 이러한 기체들이 지구의 하늘로 올라가 오늘날 지구의 대기를 만들었습니다.

한편 지각에 모여 있던 물은 충돌할 때 만들어진 깊고 넓은 지역으로 흘러 들어가 오늘날의 계곡과 강, 바다를 만들었을 것으로 추정됩니다. 물은 울퉁불퉁하게 만들어진 지표면의 더 낮은 지역으로 흘러가면서 계곡을 만들고 강을 만들면서 가장 낮은 깊고 넓은 지역으로 모여서 바다가 만들어진 것입니다. 이렇게 물 성분은 지열을 냉각하는 과정에서 대기권을 만들고 바다를 만들면서 물의 양이 줄어들어서 육지가 드러나게 된 것입니다. 이렇게 하여 하늘에 대기권을 형성하고 오대양 육대주가 있는 현재의(기승전결) 지구 모습이 완성된 것으로 추정합니다.

- **지구의 외핵과 내핵의 생성 원리**

여기에서는 좀 더 자세히 세부적으로 오늘날 지구가 만들어지는 과정을 추리해 보도록 하겠습니다.

지구의 중심이 어떻게 구성되어 있는지 알아보는 것은 매우 어려운 문제입니다. 현대과학이 고도로 발달한 오늘날에도 지진파를 보내어 알아보는 방법으로 추정하고 있는 상태입니다. 즉 지구 내부에 전파를 보내어서 그 데이터에 나타난 결과를 바탕으로 분석하는 방법으로 알아보는 것이지 마치 내시경처럼 지구 중심의 모습을 밝혀낸 것은 아닙니다.

그렇게 밝혀진 지구 외핵의 구성성분은 철과 니켈이 주성분인 것으로 추정하고 있습니다. 그 외 다른 성분들이 많이 있다는 주장도 있습니다. 또 외핵은 지진파 실험에서 액체 상태인 것으로 나타나고 있습니다. 오늘날에는 고체 상태일 수도 있다는 연구 결과도 보고되고 있는 상황입니다.

외핵의 온도는 3,000~5,000℃ 정도로 추정되고 있습니다. 그리고 이보다 더 깊은 중심에는 내핵이 있는 것으로 밝혀졌는데, 내핵의 온도는 외핵보다 높은 5,000~7,000℃ 정도로 추정되고 있습니다. 또 내핵은 지진파를 보내 알아본 결과 액체 상태인 외핵과 달리 고체 상태인 것으로 분석되었습니다.

이러한 분석을 바탕으로 필자는 하나님께서 지구를 만들 때 최초로 만든 빛이 바로 이 내핵이 되었을 것으로 추정하고 있습니다. 태초의 빛은 고체 상태에서 나타났을 것으로 생각되며 이 빛이 지구를 만드는 중요한 물질이기에 창조의 빛이라 생각하고 있습니다.

한편 외핵은 땅 성분이 냉각되면서 단단한 석판이 만들어져 갇히게 되었습니다. 이 두꺼운 석판이 바로 맨틀이라고 하며 그리고 맨틀의 깊은 곳까지 냉각하지 못하여 여전히 액체 상태로 남게 된 것이 외핵이 된 것입니다. 즉 오늘날 마그마로 부르고 있습니다.

• **지각층과 토양층의 창조**

오늘날 지구 표면을 지각이라 부릅니다. 이러한 지각은 대륙지각과 해양지각으로 나눠 볼 수 있습니다. 대륙지각의 두께는 약 35km이고 해양지각의 두께는 5~10km 정도입니다. 이러한 지각의 구성성분은 주로 암석으로 되어 있으며, 지각의 아래층에는 지하자원이 많이 매장되어 있습니다.

지각층은 여러 판 구조로 이루어져 있다는 사실이 밝혀졌습니다. 중국 같은 넓은 땅도 여러 판으로 형성되어 있습니다. 지진이 일어나는 원인도 이런 판과 판 사이에 균열이 생기면서 일어나는 현상으로 알려져 있습니다. 특히 태평양을 끼고 있는 해안지형에서 지진이 많이 발생하는데, 이것은 당시 땅 성체와 물 성체가 충돌할 때 생긴 균열 때문일 것으로 추정됩니다.

이렇게 된 원인은 땅 성체와 물 성체가 충돌할 때 죽 같은 땅 성체의 많은 파편 덩어리들이 떨어져 나갔다가 다시 맨틀 위에 안착했는데, 이때 지각 내부에서 각종 지하자원이 생성되었을 것으로 추정됩니다. 오늘날 지표면이 올록볼록하고 산들이 많은 이유도 이때 파편들이 불규칙하게 떨어지면서 생긴 현상이라고 추정됩니다.

• **토양층은 어떻게 만들었을까요?**

지구의 커다란 땅에는 얇게 덮인 토양층이 있습니다. 이러한 토양층은 인간이 농사지어 먹고 살아가는 데 매우 중요한 땅이라 하지 않을 수 없습니다. 지구 표면에는 광대한 사막도 있지만 이곳에는 식물이 자라지 못하며 농사도 지을 수 없습니다.

이러한 토양층과 사막은 앞에서도 말했듯이 뜨거운 땅 성체와 물 성체 간의 충돌에서 떨어져 나간 모래, 흙, 먼지, 작은 돌 등이 지표면에 가라앉으면서 생긴 것입니다. 즉 가장 높은 온도에서 냉각할 때 생성되는 입자들이 가장 작은 입자인 모래, 흙 돌 등입니다. 이렇게 가는 입자는 지열에서 내뿜는 열기 때문에 지각에 안착하지 못하고 공중에 떠 있게 됩니다. 이때 공중에서 비슷한 입자끼리 모이는 현상이 일어났을 것입니다. 그 후 지표면의 열이 완전히 냉각되었을 때 이 입자들이 마지막으로 지각층에 안착하여 오늘날 토양층과 사막을 이루게 되었습니다. 아마도 히말라야산 같은 높은 산에 작은 돌이 많은 쌓여 있는 이유는 그동안 빗물에 모래나 흙이 물과 함께 산 아래로 흘러 내려오게 되어 작은 돌만 남게 되었기 때문으로 추정됩니다.

또한, 미국 그랜드캐니언 같은 광활한 지역에는 모래나 흙이 없으며 대협곡과 암석으로 이루어져 수려한 경관을 이루고 있습니다. 이런 광활한 지대는 어떻게 만들어졌을까요?

광활한 지형의 넓은 땅은 다른 지역보다 늦게 식었을 것입니다. 따라서 열기가 오래 지속되었기 때문에 공중에 있던 흙, 모래 등의 작은 알갱이들이 그곳에 내려오지 못하고 다른 지역으로 이동하였을 것입니다. 이런 이유로 그랜드캐니언과 같은 광활한 지역에는 흙이나 모래 같은 것이 다른 지대보다 없는 것으로 추정됩니다. 그리고 그랜드캐니언은 죽 같은 땅이 식는 과정에서 갈라진 틈이라고 볼 수 있습니다. 마치 가뭄에 땅이 갈라지듯 뜨거운 마그마가 갈라져서 오늘날의 광활한 계곡을 형성하게 된 것으로 추정됩니다.

• 화산의 형성 과정

오늘날 지구에는 화산이 많은데 이러한 화산은 어떻게 만들어졌을까요? 화산은 지각층 아래에 있는 액체 상태의 마그마가 높은 열로 인해 압력이 증가하면서 지표면으로 분출하여 일어나는 현상이라고 할 수 있습니다.

그렇다면 화산 현상들은 왜 일어나는 것일까요? 이 역시 물 성체와 땅 성체 간의 충돌에서 비롯되었다고 추리하고 있습니다. 땅 성체가 물 성체와 충돌할 때 물 성분은 땅 성분과 함께 지하에 묻히게 되었습니다. 이때 땅속에 묻힌 물은 내부에서 높은 온도에 의해 팽창하게 됩니다. 높은 압력을 나타내게 되는데, 이것이 지표면으로 폭발하는 것이 바로 화산이라고 추정됩니다.

태초에 지구가 생성되는 초기에는 지구 곳곳에 많은 화산 활동이 발생하였을 것입니다. 오랜 시간이 흐르면서 활동은 점차 안정되면서 요즘에는 특정 지역에서만 마그마가 폭발하고 있는 것입니다. 지금도 지각 내부에는 엄청난 물이 매장되어 있을 것으로 추정하고 있습니다.

• 공기와 바다, 계곡과 강의 형성 과정

인간은 살아가면서 힘들고 지칠 때 산과 바다 등 자연의 휴식처가 필요합니다. 그래서 산과 들과 계곡과 바다를 찾아 마음껏 구경하고 싶은 로망을 가지고 있습니다. 하지만 살다 보면 아름다운 곳을 찾아가 즐기며 산다는 것이 여의치 않을 때도 있습니다. 한평생 아름다운 자연을 구경하지 못하고 죽은 사람들도 적지 않을 것을 보면 안타깝습니다.

하나님은 인간을 위하여 자신의 솜씨로 이렇게 아름다운 자연을 만들어 놓았습니다. 거기에 인간이 살아가는 데 반드시 필요한 공기와 먹거리도 만들어 놓으셨습니다. 하나님이 창조한 것 중 인간에게 가장 중요한 것 중 하나가 숨 쉬는 데 필요한 공기일 것입니다. 하나님은 이러한 공기를 만들고 지열을 냉각하는 과정에서 생긴 화학 물질인 질소, 산소, 이산화탄소, 아르곤 같은 가벼운 물질을 만들었습니다. 이러한 가벼운 물질들은 기체 상태로 떠올라 오늘날의 대기층을 형성하였습니다.

한편 뜨거운 지열을 냉각하는 과정에서 무거운 성분은 지면으로 내려오면서 바닷물이 생성되었습니다. 기체로 변한 물은 차가운 공기를 만나 다시 비가 되어서 내리게 되었습니다. 이러한 원리에 의해 물은 지하로 들어가거나 낮은 곳으로 흐르면서 계곡을 만들고 강을 형성하였습니다. 그리고 물은 더 낮고 넓은 지역으로 흘러가서 바다가 되었습니다.

물은 냉각 작용이 반복되면서 액체 상태 물의 양은 서서히 줄어들었을 것이고 그리하여 육지가 드러나게 되었습니다. 이러한 육지는 울룩불룩한 산과 들의 아름다운 모양을 갖추게 되었습니다.

이렇게 하여 창세기 1장 9~10절에 기록된 말씀이 이루어졌습니다. 이처럼 지구는 3단계의 창조 과정을 거쳐서 오늘날의 지구가 탄생하게 된 것입니다.

창세기 1장 9~10절

하나님이 가라사대 천하의 물이 한곳으로 모이고 뭍이 드러나라 하시매 그대로 되니라 하나님이 뭍을 땅이라 칭하시고 모인 물을 바다라 칭하시니라 하나님의 보시기에 좋았더라

창세기 2장 4~6절

여호와 하나님이 천지를 창조하신 때에 천지의 창조된 대략이 이러하니라 여호와 하나님이 땅에 비를 내리지 아니하셨고 경작할 사람도 없었으므로 들에는 초목이 아직 없었고 밭에는 채소가 나지 아니 하였으며 안개만 땅에서 올라와 온 지면을 적셨더라

　이상이 필자가 성경 말씀과 오늘날 지구의 모습을 통하여 역으로 추리해 낸 지구 창조의 과정입니다. 물론 이것은 현대과학에서 추리해 낸 지구의 생성 과정과는 차이가 있을 수 있습니다. 그럼에도 불구하고 필자가 이러한 과정을 추리해 낸 것은 성경 말씀과 연결시키기 위해서였습니다. 필자는 우주 탄생과 관련하여 현대과학에서 추론한 논리보다 성경이 더 정확할 것이라는 믿음이 있습니다. 현대과학은 현재까지 밝혀낸 과학적 사실일 뿐입니다. 뉴턴의 절대법칙은 아인슈타인의 상대성이론에 무너지고 아인슈타인의 상대성이론도 양자역학에 무너졌듯이 현대과학도 앞으로 더 나은 사실이 발견되면 수정될 수 있습니다. 하지만 성경 말씀은 변하지 않을 것이기 때문에 필자는 성경 말씀을 중심으로 과학적 추리를 하는 데 더 충실하고자 했던 것입니다.

현대과학에서 말하는 지구가 만들어진 원리

여기에서는 현대과학에서 주장하는 지구가 만들어진 원리를 살펴보도록 하겠습니다. 청소년들은 학교의 과학 시간에 이것을 배울 것이므로 알아 두는 것이 필요합니다. 필자가 추리한 내용과 어떤 점이 같고 어떤 점이 다른지 알아보는 것도 재미있을 것입니다.

현대과학에서는 처음의 원시 지구가 당시 태양계에 있던 우주먼지 덩어리들의 충돌로 만들어졌다고 보고 있습니다. 이때 충돌로 인해 결합한 덩어리가 점점 커지면서 지구가 만들어졌다는 추리입니다. 이때의 원시 지구 성분 중에는 물 성분을 포함한 덩어리도 있었습니다. 특히 혜성의 경우 대부분 얼음으로 이루어져 있기 때문에 지구와 충돌하면서 많은 물을 가져다주었을 것으로 생각됩니다. 이렇게 처음의 지구 덩어리에는 이미 물이 많이 포함된 상태였습니다.

하지만 초기 지구는 강한 충돌에 인한 열로 인해 매우 뜨거운 상태였기 때문에 온통 마그마가 가득한 용암의 바다로 덮여 있었습니다. 이런 지구가 물 성분에 의해 서서히 식기 시작하면서 마그마가 식으면서 만들어진 암석이 땅을 덮게 되었습니다. 그중에 화산도 있었고 화산 활동이 활발해지면서 대폭발이 일어나게 됩니다. 이때 화산에서 나오는 가스 중에는 수증기(H_2O), 이산화탄소(CO_2), 질소(N_2) 등이 있었는데 이 가스들이 지구의 하늘을 만들게 되었습니다. 이 가운데 지구의 온도는 계속하여 낮아졌고 이때 하늘에 있던 엄청난 양의 수증기가 응결하여(수증기가 물로 맺히는 현상) 비가 되어 내리게 되었습니다. 이러한 비는 매우 오랫동안 지표면을 퍼부으면서 지금의 드넓은 바다를 만들게 된 것으로 여겨지고 있습니다.

필자의 의문: 하지만 이러한 설명에는 몇 가지 문제가 있어 보입니다. 먼저 지금의 바다가 화산 활동으로 인해 발생한 수증기가 비로 변하면서 만들어졌다고 하는데, 이것은 지금 엄청난 양의 물로 이루어진 바다를 설명하기에는 부족해 보입니다. 또 현재 지구의 바다 모양을 설명하기에도 부족한 부분이 있습니다. 이에 따라 필자는 모태 성체와의 충돌설을 생각하게 된 것입니다. 또 현재의 땅이 생긴 모습도 현대과학의 설명으로는 부족해 보입니다.

• 현대과학에서 말하는 지구 내부가 만들어진 원리

현대과학에서 밝혀낸 지구의 땅속은 다음과 같은 모양으로 이루어져 있습니다.

현대과학에서는 지구가 이러한 모양을 갖추게 된 것을 어떻게 설명하고 있을까요?

처음의 지구는 엄청난 열에너지로 인해 이글거리는 액체 마그마로 가득 차 있었습니다. 그런데 이러한 마그마는 한 종류가 아니라 여러 종류의 물질이 막 섞여 있는 상태였습니다. 이러한 상태에서 지구가 식게 되자 지구는 서서히 층을 이루게 되었습니다.

액체 상태의 물질은 무게에 따라 층을 이루는 성질이 있습니다. 이때 가장 무거운 물질이 제일 아래로 가라앉고 그다음 순서로 물질이 가라앉으면서 층을 이루게 됩니다. 지구의 내부를 이루고 있는 내핵, 외핵, 맨틀, 지각은 이러한 원리에 의해 만들어졌다는 것이 현대 과학의 논리입니다.

지구의 중심핵에는 지구를 이루는 물질 중 가장 무거운 철과 니켈과 같은 물질들이 가라앉아 있습니다. 이 중 지구의 중심에 있는 내핵은 약 5,000°C에서 7,000°C에 이르는 매우 높은 온도에도 불구하고, 엄청난 압력 때문에 철과 니켈이 고체 상태로 존재합니다. 하지만 외핵은 내핵보다 압력이 낮아서 액체 상태로 존재하기 때문에 내핵과 외핵을 구분하는 것입니다.

핵 위에 있는 맨틀은 핵보다는 가벼운 광물(각종 미네랄이 포함된 암석)들로 이루어져 있습니다. 맨틀은 지각과 가까운 상부 맨틀과 하부 맨틀로 나눌 수 있는데 이때 상부 맨틀의 온도는 약 500°C에서 900°C 정도이고 하부 맨틀의 온도는 약 2,500°C에서 3,000°C로 큰 차이가 납니다. 맨틀은 고체 상태이지만 하부 맨틀의 높은 온도로 인해 조금씩 움직이는 성질을 갖게 합니다. 이 때문에 지각의 움직임에도 영향을 미치게 됩니다.

맨틀 위에 있는 지각은 우리가 밟고 있는 땅 바로 아래에 있으며 가장 가벼운 광물과 암석층으로 이루어져 있습니다. 지각은 지구의 표면을 덮고 있는 것으로 그 두께가 가장 얇습니다.

그렇다면 현재 지구의 땅을 덮고 있는 흙과 모래는 어떻게 만들어졌을까요? 현대과학에 의하면 암석이 물, 바람, 온도 변화 등에 의해 점점 부서져서 작은 모래나 흙 알갱이로 변하는 것으로 밝혀져 있습니다. 또 암석은 외부의 열과 물, 산소 등이 암석과 반응하여 부서지기도 합니다.

이처럼 암석이 부서지는 과정에서 식물이나 동물의 유기물(낙엽, 죽은 동물 등)이 더해지면서 각종 영양분을 포함하고 있는 흙이 만들어진다고 밝히고 있습니다. 이러한 흙으로 이루어진 땅을 토양이라고 합니다. 이러한 토양에는 각종 미생물이 작용하면서 더욱 잘게 부서지게 되고 더욱 영양분이 풍부한 토양으로 만들어집니다. 이렇게 영양분이 풍부한 토양에 식물이 자라면서 동물과 인간에게 각종 영양분을 제공할 수 있게 되는 것입니다.

과학에서 설명하는 지구의 내부와 땅이 만들어진 원리는 어느 정도 이해되는 부분도 있지만 그렇지 못한 부분도 있습니다. 초기 지구가 모든 것이 섞여 있던 불덩어리 액체 마그마였다가 점점 식으면서 무게 차이에 의해 지금의 지구 내부 모습을 갖추게 되었다고 했는데, 그 정도 불덩어리에 물이 어떻게 섞여 있을 수 있었는지 이해하기 어려운 부분이 있습니다. 그리고 어떤 이유로 식게 되었는지? 또 지금의 지형을 형성하게 되었는지? 어떻게 돌이 물과 바람에 깎여 지금처럼 고운 흙이 만들어질 수 있는지… 등 해결되지 않는 의문들이 많습니다. 이에 필자는 성경의 내용을 바탕으로 모태 성체 이론을 생각하게 되었고, 모태 성체와의 충돌설로 설명하면 지금의 지구 모습을 어느 정도 논리적으로 설명할 수 있다는 결론에 이르게 되었습니다.

모태 성체와의 충돌설로 고운 흙이 만들어지는 원리를 설명하면 오히려 쉬울 수 있습니다. 매우 높은 온도로 물렁물렁한 액체 상태에서 물 성체와 충돌이 일어나면 물 성분은 땅 성체를 냉각하기 시작할 것입니다. 이때 가장 높은 온도에서 생성되는 땅의 성분이 더 작은 알갱이로 된 흙, 모래, 먼지 등일 것입니다. 그리고 가장 작은 알갱이가 토양층이 된 것입니다. 예를 들어 빨갛게 달구어진 냄비에 물을 부어서 식히면 처음에는 수증기 같은 작은 물방울이 튀겨져 나옵니다. 계속해서 냄비에 물을 부으면 물방울은 점점 커집니다. 식어 갈수록 보다 큰 물방울이 생기고 완전히 식은 냄비에는 물이 고이게 됩니다.

필자의 의문: 지구에 많은 모래나 흙먼지가 있는 것은 냄비 안에 물이 고이는 것과 같은 과정에서 생성되었을 것으로 추정됩니다. 이렇게 생성된 모래, 먼지, 흙 작은 돌 등은 처음에는 지각의 높은 온도 때문에 지면에 내려오지 못하고 떠 있다가 지표면이 완전히 식었을 때 마지막으로 지각층에 안착하여 식물이 잘 자라는 토양이 되고, 모래가 모인 지역은 사막이 되었을 것으로 추정됩니다.

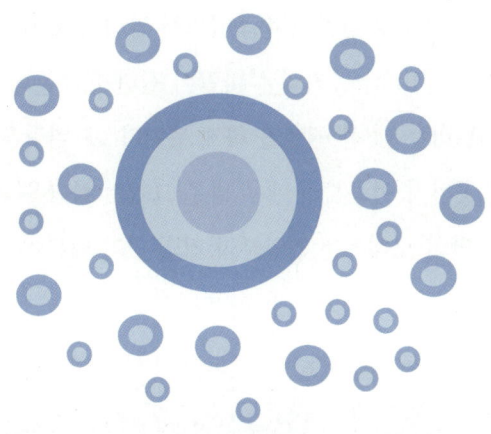

• 현대과학이 밝힌 사막의 모래가 만들어지는 과정

현대과학에서는 모래로만 이루어진 사막이 만들어지는 과정에 대해 어떻게 설명하고 있을까요?

모래는 암석이 부서지고 부서져 만들어진다고 했습니다. 그리고 이 모래에 동식물의 유기물과 같은 영양분이 공급되면 흙이 된다고 했습니다. 하지만 비가 거의 내리지 않고 온도 변화도 심해 생물이 살기 어려운 환경에서는 이러한 모래에 동식물의 유기물과 같은 영양분이 공급되는 일이 일어나지 않게 됩니다. 이러한 상태에서는 모래가 흙이 되지 못한 채 모래로만 남게 되는 일이 일어나는데 이곳을 사막이라고 부릅니다.

사막은 온도 차이가 매우 크기 때문에 암석이 부서지는 작용도 잘 일어나게 됩니다. 즉 낮에는 매우 높은 온도로 암석이 부풀었다가 밤에는 매우 낮은 온도로 갑자기 수축하면서 암석이 깨지는 현상이 일어나는 것입니다. 또 사막 지역은 바람이 심하게 부는데 이 바람 또한 암석을 깨트리는 데 큰 역할을 하게 됩니다. 또 바람은 작은 모래 입자들을 먼 곳까지 이동시켜 매우 넓은 크기의 사막을 만들어 내기도 합니다. 사막의 모래에는 영양분이 거의 없기 때문에 식물이 살아갈 수가 없습니다.

필자의 의문: 과학에서 설명하는 사막이 만들어진 원리는 어느 정도 이해가 됩니다. 하지만 이러한 사막이 특정 지역에 유난히 많은 것은 설명하기가 어렵습니다. 오히려 사막이 만들어졌기 때문에 이러한 기후가 된 것이 아닌지 생각되기도 합니다. 또 온갖 동식물의 유해로 만들어지는 석유가 유독 이러한 사막 지역에서 많이 발견되는 이유도 설명하기가 어렵습니다. 이를 이해하기 위해 석유와 같은 지하자원이 어떻게 만들어졌는지 아는 것도 필요합니다. 이 때문에 필자는 나름의 역추리를 한 것입니다.

• 현대과학이 말하는 광물이 만들어지는 과정

오늘날 인류가 문명을 이루고 살아가기 위해 광물과 석유는 매우 중요한 물질로 사용되고 있습니다. 석유와 석탄은 우리가 살아가는 데 기본 에너지로 사용되고 있고, 광물에서 나오는 각종 금, 은, 구리, 철… 등은 우리 생활에 필요한 물질로 사용되고 있습니다. 그렇다면 이러한 석유와 광물은 어떻게 만들어졌을까요?

현대과학에서 밝혀낸 광물과 석유의 존재에 대해 살펴보도록 하겠습니다. 광물은 여러 물질로 이루어져 있던 마그마가 식으면서 지구 표면층인 지각을 이루는 과정에서 화학적, 물리적 반응에 의해 만들어진 것으로 여겨지고 있습니다. 이 과정에서 어떤 물질과 어떤 물질이 결합하느냐에 따라 다양한 종류의 광물이 만들어지는 것입니다.

지하 깊은 곳에서는 고온과 고압의 영향으로 기존의 암석이 변화하여 새로운 광물이 만들어질 수 있습니다. 또 물속에 녹아 있던 물질들이 화학 반응에 의해 가라앉으면서 광물이 만들어지기도 합니다.

우리가 알고 있는 금, 은 구리, 철 등의 물질들은 이러한 광물에 들어 있는 것들입니다. 광산에서 이러한 물질이 포함된 광물을 얻어 내어 제련(열이나 화학적·전기적 방법을 통해 광석에서 금속 등의 원소를 추출하는 방법) 등의 방법으로 분리하는 과정을 거치면 금, 은, 구리, 철 등이 만들어집니다.

석유와 석탄이 만들어지는 과정은 광물과는 조금 다른 단계를 거칩니다. 석탄은 암석층에 주로 죽은 나무가 오랜 세월 동안 두껍게 쌓이고 이때 만들어지는 압력과 온도로 탄소가 만들어지는 화학적 반응이 일어나면서 만들어진 일종의 광물입니다.

석유는 수백만 년 전에 고대의 동물과 식물, 특히 미생물과 해양 생물들이 쌓이고 쌓이면서 높은 온도와 높은 압력에 의해 화학적 반응이 일어나 생물을 이루고 있던 유기물질이 탄소 화합물로 변하면서 만들어진 물질입니다. 석유 역시 암석이 쌓이고 쌓이는 과정에서 만들어지기 때문에 퇴적암 층에서 주로 발견됩니다.

석유가 만들어지는 과정을 좀 더 자세히 설명하면 먼저 고대 바다와 호수에서 살던 미생물, 해양 생물, 식물 등이 죽은 후 호수 바닥에 쌓이면서 시작됩니다. 이 죽은 생물들은 바다와 호수 바닥의 퇴적물에 묻혀 점점 쌓이게 됩니다. 이때 퇴적물이 점점 더 두껍게 쌓이면서 아래에 있던 죽은 생물이 섞인 퇴적물은 점점 퇴적암으로 변하기 시작합니다. 이 과정에서 퇴적물에 섞여 있던 죽은 생물의 사체들은 점점 더 깊은 곳으로 내려가고 이때 고온과 고압의 영향을 받아 화학적 반응이 일어나므로 탄소 화합물로 변하는 현상이 생깁니다. 이 탄소 화합물이 땅속 깊숙한 곳 암석층 사이에 만들어진 것이 바로 석유입니다.

이러한 석유가 만들어지기 위해서는 매우 오랜 시간이 필요하다는 것이 밝혀졌습니다. 생물의 사체(죽은 동물의 몸체)가 짧게는 수백만 년에서 길게는 수억 년에 걸쳐 변화되는 과정을 거쳐야 비로소 석유가 만들어지기 때문입니다.

필자의 의문: 광물과 석유의 존재에 대한 과학의 설명은 이해되는 부분도 있지만 이해되지 않는 부분도 여전히 많습니다. 왜 특정 지역에 광물이 몰려 있고 석유가 매장되어 있는지 설명하지 못합니다. 이 때문에 저는 모태 성체와의 충돌설을 떠올렸고, 충돌설로 이야기하면 많은 부분의 이해가 풀림을 경험하였습니다. 물론 제 생각이 틀릴 수도 있지만 어쨌든 평범한 사람도 이해할 수 있는 과학 이론이 나왔으면 하는 바람을 갖고 있습니다.

셋째 날, 식물 창조의 비밀

　셋째 날 지구의 땅과 바다의 창조가 이루어짐으로써 드디어 지구에 생명체가 살아갈 환경이 갖추어졌습니다. 식물이 자라날 하늘의 공기와 땅의 흙도 만들어졌고, 지하자원, 석유 등의 에너지 자원도 만들어졌습니다. 이렇게 지구가 어느 정도 모습을 갖추자 드디어 나타난 현상이 바로 생명의 탄생입니다.

　앞에서 물은 생명을 상징한다고 했습니다. 그런데 지구에는 다른 어떤 곳에서도 볼 수 없을 만큼 많은 물이 존재하고 있었습니다. 즉 생명체가 만들어지기에 매우 적합한 환경을 이루고 있었던 것입니다.

　창세기 1장 11절에는 '하나님이 가라사대 땅은 풀과 씨 맺는 채소와 각기 종류대로 씨 가진 열매 맺는 과목을 내라 하시매 그대로 되어'라는 말씀이 나옵니다. 이것은 셋째 날 바다와 땅, 하늘이 완성된 후 이루어진 것으로 이때에는 이미 태양계와 우주의 별들이 만들어진 후였습니다.─앞에서 첫째 날 빛의 창조는 태양과 별의 창조로 이어진다고 했습니다.─ 그래서 식물이 자라는 데 꼭 필요한 햇빛도 비치고 있던 상태였습니다. 또 지구의 땅도 식물이 잘 자랄 수 있도록 물과 흙과 영양분이 풍부한 상태였습니다.

하지만 이러한 상태가 되기까지 지구는 이런 환경을 만들어 내는 과정들이 있었음을 알아야 합니다. 성경에는 이런 세밀한 부분까지 기록되지는 않습니다. 꼭 필요한 것만 기록하기 때문입니다.

그렇다면 지구에서 최초의 생명체는 어떻게 만들어지게 되었을까요? 생명체가 만들어지기 전 초기 지구의 대기는 지금과 같이 산소와 질소 기체로 이루어진 것이 아니라 메탄, 수소, 암모니아 같은 기체로 이루어져 있었습니다. 이것은 생명체가 만들어지기에는 적당한 기체들이 아닙니다. 그래서 과학자들은 생명이 어떻게 탄생하게 되었는지 의문을 품고 있었습니다. 이에 대하여 1950년대에 스탠리 밀러라는 과학자가 이 기체들을 시험관에 넣고 전기를 통해 주는 실험을 하였습니다. 그러자 유기물질이 만들어지는 것이 아니겠습니까. 유기물질이란 생명체를 이루고 있는 기본 분자 물질입니다.

밀러의 실험은 원시 지구의 환경에서도 어떤 조건이 만들어질 경우 생명체의 기본단위인 유기물질이 만들어질 수 있음을 알려 주었습니다. 기본 유기물질들이 바다 속에서 스스로 결합하고 복잡해지면서 최초의 RNA가 만들어졌을 것으로 추측됩니다. RNA란 유전자를 담고 있는 최소 단위의 유기물질입니다. 이 RNA로부터 더 복잡한 DNA가 만들어지면서 최초의 생명체라 할 수 있는 바이러스가 만들어졌을 것으로 생각됩니다. 바이러스는 RNA나 DNA만으로 이루어진 반생명체입니다. 반생명체란 무생물과 생물 중간에 있는 생명체를 뜻합니다.

그리고 DNA, RNA로부터 최초의 세포가 만들어지면서 박테리아(세균)라는 최초의 생명체가 만들어집니다. 바이러스가 반생명체인 반면 박테리아는 완전한 생명체입니다. 성경에 이러한 박테리아에 대하여 소개하고 있지 않은 이유는 성경이 기록될 당시 고대에 눈에 보이지 않는 박테리아 같은 존재는 알지 못하던 시대였기 때문입니다. 성경은 당시 사람들을 기준으로 기록되었다는 사실을 잊지 마세요. 생명의 탄생에 대하여 성경은 큰 줄기만 이야기하고 있습니다. 즉 식물과 수중생물, 하늘의 새, 육지의 생물과 동물, 인간 등의 창조에 대해서만 다루고 있는 것입니다.

과학자들의 연구에 의하면 박테리아는 지금으로부터 약 35억 년 전에 나타난 것으로 알려져 있습니다. 그리고 약 30억 년 전에는 광합성을 하는 박테리아가 나타났습니다. 광합성은 햇빛을 이용하여 산소 기체를 만들어 내는 작용이므로 광합성 박테리아가 나타났다는 것은 지구의 대기에 산소 기체가 채워지기 시작했다는 것을 뜻합니다.

그리고 약 10억 년 전에 바다에서 광합성을 하는 최초의 식물이 나타나기 시작했습니다. 그리고 이 식물은 육지에도 생겨나게 되었습니다. 이로써 창세기 1장 11절 '하나님이 가라사대 땅은 풀과 씨 맺는 채소와 각기 종류대로 씨 가진 열매 맺는 과목을 내라 하시매 그대로 되어'라는 말씀이 이루어지게 됩니다.

　식물 창조가 동물 창조보다 먼저 일어난 이유는 식물은 스스로 영양분을 만들어 내는 생물이기 때문입니다. 동물은 이 식물을 먹고 살아가야 하기 때문에 식물이 먼저 만들어지는 것입니다. 그런 점에서 셋째 날에 식물이 동물보다 먼저 만들어지는 것은 중요합니다.

넷째 날, 해, 달, 별 창조의 과학적 해석

드디어 넷째 날 천지창조의 이야기가 이어집니다. 성경 창세기 1장 14절에는 다음과 같은 말씀이 나옵니다.

> 하나님이 가라사대 하늘의 궁창에 광명이 있어 주야를 나뉘게
> 하라 또 그 광명으로 하여 징조와 사시와 일자와 연한이 이루라

이 말씀을 곱씹어 보면 하나님의 신비가 놀랍습니다. 하나님은 지구를 공전하고 자전하게 하기 위해 광명체를 만든 것입니다. 이런 시스템 속에서 자전에 의해 낮과 밤이 만들어지므로 사람은 낮에 일하고 밤에 쉬며 잘 수 있습니다. 또 공전이 일어나므로 계절의 변화가 이루어지고 눈과 비 등이 내리며 태풍이 일어나도록 만드신 것입니다. 지구가 자전하면서 하루 24시간이 정해지고, 공전을 하면서 365일의 시간도 만들어 주신 것입니다. 또 지구의 지축이 24.5도 기울어져 자전하도록 만들어 계절의 변화를 일으키도록 창조하였습니다.

고대 시대에는 지구를 네모 모양으로 생각하여 바다 멀리 나가지 못하였다고 합니다. 바다 멀리 나가면 낭떠러지가 있어서 떨어질까 두려웠기 때문입니다. 그 후 탐험가에 의하여 지구가 둥근 구형임을

알게 되었습니다. 또한, 고대에는 하늘이 지구를 중심으로 돌아간다고 믿었습니다. 즉 지구를 중심으로 태양이 돈다고 생각한 천동설을 믿은 것입니다. 그러나 이후 과학자들의 연구에 의해 지구가 태양 주위를 도는 것이 밝혀졌습니다. 이 모든 것이 아둔한 인간의 모습에서 비롯된 것입니다. 필자는 오늘날 과학이 발달하게 된 것도 인간의 지혜로 된 것이 아니라 생각합니다. 과학의 발달도 하나님의 계획 아래에 하나님의 지혜를 인간에게 인간의 손을 빌려서 발명한 것으로 알아야 할 것입니다.

인간이 사는 공간은 3차원 세상입니다. 3차원보다 높은 곳에 4차원이 있으며 하나님은 4차원의 세계에서 3차원 인간 세상을 조종하고 있음을 깨달아야 합니다. 따라서 인간은 창조주 하나님의 품 안에 있을 때 복된 삶을 누리며 살 수 있는 것입니다.

태초에 하나님은 천지를 창조할 때 지구를 먼저 만드시고 동시에 태양계를 만들었습니다. 태양계가 있어야 사람이 살 수 있는 지구 환경이 만들어지기 때문입니다. 그리고 지구에 식물과 동물 순으로 생명을 창조하였습니다. 마지막으로 인간을 만들었는데 그 이유는 인간을 주인공으로 만들고자 하는 마음이 컸기 때문입니다. 그만큼 하나님은 인간을 사랑하였습니다. 그러나 아둔한 인간은 그 하나님의 사랑을 깨닫지 못한 채 살아가고 있습니다.

• **천지창조는 태양계 창조일까?**

밤하늘을 바라보면 별들이 보입니다. 그러나 한참 동안 바라보고 있노라면 별 뒤로 더 작은 별들이 무수히 있다는 사실을 알게 됩니다. 저 별 하나를 태양의 크기로 가정했을 때 얼마나 멀리 있으면 저렇게 작게 보일까 하는 마음이 듭니다. 그러면서 하나님의 창조는 참으로 경이롭다는 생각을 하게 됩니다. 창세기의 창조에는 이러한 별들의 창조에 대한 이야기도 나옵니다.

그렇다면 성경의 천지창조 이야기는 단지 지구의 창조뿐만 아니라 태양계, 더 나아가 우주의 창조에 대한 이야기일까요? 일단 천지창조 3단계까지의 이야기는 지구 창조 이야기임이 분명합니다. 하지만 성경의 천지창조는 태양과 별의 창조까지 다루고 있어 이에 대한 해석도 필요한 상황입니다.

그동안 지구는 태양을 중심으로 공전하는 것으로만 알았습니다. 그러나 태양도 은하계를 돌고 있는 것으로 밝혀졌습니다. 그 은하계 역시 더 큰 은하계를 중심으로 돌고 있는 것이 밝혀지고 있습니다. 이것은 우주의 신비하고 오묘한 법칙이라고 하지 않을 수 없습니다.

하나님이 천지를 창조하실 적에 은하계와 우주에 수많은 별들도 함께 존재하고 있었을까요? 필자의 생각에는 천지를 창조하기 전 우주에는 이미 수많은 별들이 있었을 것으로 추정됩니다. 거기에 성경의 천지창조는 인간을 위한 태양계 창조를 다루고 있다고 조심스럽게 추정합니다. 태양도 은하계로 공전이 가능해지니까요. 하나님의 창조는 광대하고 신비로움 그 자체입니다. 이토록 하나님의 은혜와 사랑은 말로 다 표현할 수 없는 것입니다.

• **현대과학에서 밝혀낸 태양과 달의 형성 원리 - 해와 달을 만드시고**

우리는 앞에서 첫째 날 빛 창조는 넷째 날의 해, 달, 별의 창조로 이어진다고 했었습니다. 따라서 여기에서는 해, 달, 별의 창조에 대한 이야기를 해 보도록 하겠습니다. 창세기 1장 16절에는 다음과 같이 넷째 날의 창조 기록이 나옵니다.

> 하나님이 두 큰 광명을 만드사 큰 광명으로 낮을 주관하게 하시고 작은 광명으로 밤을 주관하게 하시며

여기에서 두 큰 광명은 당연히 해와 달을 말합니다. 이러한 해와 달은 불덩어리의 원시 지구가 만들어질 때 거의 동시에 만들어지고 있었을 것으로 추측됩니다. 여기에서는 먼저 과학에서 밝혀낸 태양계의 형성에 대해 알아보고자 합니다.

우주 공간에는 별과 행성 등이 만들어지기 전에 우주먼지로 가득 차 있었습니다. 우주먼지는 우주 공간에 떠다니는 미세한 입자들로

이 중에는 광물과 탄소 화합물도 있었고 물(H_2O), 메탄(CH_4), 암모니아(NH_3), 이산화탄소(CO_2) 등도 있었으며 철(Fe), 니켈(Ni), 알루미늄(Al), 칼슘(Ca) 등 여러 종류의 물질들이 섞여 있었습니다.

이때 암흑의 우주공간은 온도가 매우 낮았기 때문에 얼어붙은 상태로 존재하였으며 이때 우주 먼지들은 끌어당기는 성질에 의해 뭉쳐지면서 구름과 비슷한 모양을 이루고 있었습니다. 이러한 우주먼지 구름을 성운(별 성星, 구름 운雲)이라고 부릅니다. 이와 같은 성운은 계속하여 성장하므로 거대한 성운을 이루게 됩니다.

이 거대하게 성장한 성운은 이제 강한 중력이 작용하므로 성운이 붕괴되는 일이 일어나게 됩니다. 붕괴란 여러 조각으로 깨지는 현상을 뜻합니다. 이 붕괴에 의해 거대한 회전 운동이 일어나게 되었는데 이때 성운을 이루고 있던 각각의 입자들이 수축(오그라듦)하는 현상이 일어나고 수축한 입자들은 높은 압력을 받아 뭉치는 일이 일어납니다. 이렇게 매우 높은 밀도로 뭉치게 된 입자들 중에는 압력이 충분히 높아져 핵융합 반응을 할 수 있게 된 입자들이 생기게 됩니다. 이 핵융합 반응을 할 수 있는 입자들이 뭉쳐서 만들어진 것이 바로 원시 태양입니다. 핵융합 반응은 엄청난 에너지의 빛과 열을 내기 때문에 태양은 밝게 빛나는 것입니다.

 이와 동시에 일어나는 일이 나머지 성운에서 분리되어 나온 물질들이 원시 태양 주위를 회전하는 현상입니다. 이러한 회전 운동은 원시 태양이 만들어 내는 중력 때문에 더욱 빨라졌는데 이때 원시 태양이 끌어당기는 힘과 힘의 평형을 이루는 물질들끼리 또다시 뭉치는 일이 생기게 됩니다. 이렇게 뭉쳐서 만들어진 것이 바로 지구나 화성과 같은 행성, 그리고 각종 소행성 등인 것입니다. 태양계는 이런 원리에 의해 만들어졌을 것으로 추측되고 있습니다.

 태양의 경우 핵분열 반응 중심으로 빛과 열을 내며 만들어지고 있던 지구와 달리 핵융합 반응 중심으로 물질들이 뭉치면서 원시 태양을 만들어 내었을 것으로 추측됩니다. 실제 과학에서 밝혀낸 태양은 수소 원자핵과 수소 원자핵이 핵융합 반응을 일으키면서 엄청난 빛과 열을 내는 것으로 알려져 있습니다.

 한편 달은 땅 성체와 물 성체와 충돌하면서 떨어져 나간 큰 파편들에 의해 만들어진 것으로 추측되고 있습니다. 인간은 아폴로 11호에 의해 달을 정복하기 시작하면서 달에서 여러 물질을 가져왔는데 이 물질이 지구의 물질과 거의 비슷하다는 사실이 밝혀졌습니다. 이로써 지구에서 떨어져 나간 파편으로 달이 만들어졌다는 추측이 어느 정도 맞아떨어지게 됩니다. 이러한 과정을 거쳐 나머지 행성들도 만들어졌을 것으로 추측되며 태양계가 완성되었을 것으로 이해할 수 있습니다.

• 현대과학에서 밝혀낸 별의 형성 원리

한편, 창세기 1장 16절에는 '또 별들을 만드시고'라는 말씀도 나옵니다. 이를 통하여 우리는 하나님이 별도 만드신 것을 알 수 있습니다. 여기서 별이란 태양계를 벗어난 곳에 있는 또 다른 빛을 내는 태양을 말합니다. 하늘에는 수많은 별들이 있으며 그 수는 헤아릴 수 없이 많습니다. 과학자들에 우주에 존재하는 별의 수를 계산해 보았는데 그 수는 자그마치 약 2×10^{23}개입니다.

먼저 태양계가 속해 있는 은하를 '우리은하(은하수)'라고 하는데 우리은하에만 약 1,000억 개에서 4,000억 개 사이의 별이 있는 것으로 추정됩니다. 그리고 우주에는 우리은하와 같은 은하가 약 2조 개 정도 있다고 추정됩니다. 만약 하나의 은하에 별이 1,000억 개 있다고 가정하고 우주 전체 별의 수를 계산해 보면 1,000억×2조 개=2×10^{23}개라는 결과가 나오는 것입니다. 이러한 수치는 그냥 예측한 것이 아니라 허블 우주 망원경과 같은 고해상도 망원경을 통해 관측된 데이터를 바탕으로 한 것이기에 어느 정도 믿을 만합니다.

우주에 이렇게 많은 별이 있는 이유는 무엇일까요? 그것은 곧 태양계를 안전하게 유지해 주기 위함이라고 볼 수 있습니다. 왜냐하면 마치 기어의 이가 맞물려 돌아가는 것처럼 우주 전체의 별들이 기어의 이처럼 맞물려 돌아가는 구조를 하고 있기 때문입니다. 만약 우주에 태양계만 있다면 태양계는 우주를 방황하는 미아가 되고 말 것입니다. 우리은하가 태양계를 붙들어 주기 때문에 태양계는 안전하게 돌아갈 수 있습니다. 또 우리은하 역시 더 큰 은하단이 붙들어 주기 때문에 안전하게 돌아갈 수 있고 이런 구조로 우주 전체가 연결되어 있는 것입니다.

이런 구조를 볼 때 하늘의 별들은 태양계보다 먼저 만들어졌을 것으로 추측할 수 있습니다. 하늘의 별들이 먼저 만들어져야 태양계가 안전하게 돌아갈 수 있기 때문입니다. 그런 점에서 창세기 1장 16절 '또 별들을 만드시고'는 태양을 만들고 그 다음에 별들을 만든 것은 지구가 태양 중심으로 공전 궤도를 돕는 뜻으로 별들을 만들었다는 이해가 될 수 있습니다.

지구의 자전과 공전은 어떻게 일어나게 되었을까?

하나님은 넷째 날에 해와 달 그리고 별들을 창조하시고 자전과 공전하는 시스템을 구축하였습니다.

창세기 1장 14절
하나님이 가라사대 하늘의 궁창에 광명이 있어 주야를 나뉘게 하라 또 그 광명으로 하여 징조와 사시와 일자와 연한이 이루라

태초부터 현재까지 지구는 자전과 공전을 멈추지 않고 계속하여 회전하고 있습니다. 자전과 공전 덕분에 낮과 밤이 생기고, 하루 24시간이 되며 1년 365일이 됩니다. 또 자전축이 23.5도 기울어져서 자전하므로 계절의 변화가 일어나고 비가 오고 눈이 내리며 바람이 불고 하는 기후 변화가 일어나게 됩니다. 인간은 이러한 자연계의 변화 속에서 생존하며 살아갈 수 있는 것입니다.

• **지구의 자전은 어떻게 일어나게 되었을까?**

그렇다면 지구의 자전은 어떻게 일어나게 되었을까요? 지구의 자전이 중요한 이유는 낮과 밤이 생기게 하는 것도 있지만 무엇보다 태양계에서 떨어져 나가지 않기 위해 중요합니다. 만약 지구가 자전하

지 않는다면 태양계로부터 떨어져 나가 우주 미아가 될 수도 있기 때문입니다.

이러한 자전이 일어난 원인에 대해서는 여러 가지 가설이 있습니다. 공전처럼 처음 태양계가 만들어질 때 이루어진 회전 운동이 그 원인일 것이라는 생각도 있고, 지구가 여러 소행성들이 충돌하면서 만들어졌기 때문에 이때의 충돌로 자전하게 되었다는 생각도 있습니다.

하지만 이러한 가설들은 현재 지구가 일정한 속도로 자전하는 현상을 완전히 설명하지는 못합니다. 이에 필자는 지구와 달 간의 상호 중력 작용에 의해 바닷물의 움직임에 변화가 생기므로 지구가 자전한다는 추리를 하게 되었습니다.

인간은 첨단 과학기술의 혜택을 받으며 살고 있습니다. 그러나 우주에서 일어나는 하나님의 섭리는 잘 알지 못합니다. 그것은 하나님의 창조를 믿지 않고 오직 과학의 힘에만 매달려 풀어내려 하고 있기 때문으로 생각됩니다. 물론 과학은 하나님이 창조 법칙에 심어 놓은 것입니다. 하지만 현재까지 인간이 밝혀낸 과학은 하나님이 심어 놓은 과학의 10%도 되지 않을 것입니다. 앞으로 밝혀져야 할 과학이 너무도 많습니다.

필자가 고민하는 지점이 바로 여기에 있습니다. 필자도 현대과학을 믿지만 부족해 보이거나 아직 밝혀지지 않은 것에 대해 궁금한 것이 많기 때문입니다. 지구의 자전은 대표적인 분야입니다. 현대과학은 지구가 자전하는 이유에 대해 몇 가지 가설만 내놓을 뿐 아직 논리적으로 이해되는 가설을 내놓지 못하고 있는 상황입니다. 이에 필자는 최대한 하나님의 마음으로 지구가 자전하는 원리를 알아내려고 오랜 시간 동안 생각해 왔습니다. 여기에 필자가 추리해 낸 지구 자전의 원리를 이야기하고자 합니다.

필자는 지구 자전의 원리에 대해 고민하다가 바닷물에서 동력을 얻어 화전하는 가설을 생각하게 되었습니다. 이러한 자전의 원리를 설명하려면 먼저 달이 어떻게 만들어졌는가를 알아야 합니다. 필자는 달의 생성이 현대과학에서 이야기하는 것과 달리 지구가 생성되기 전에 땅 성체와 물 성체 간의 충돌이 일어났을 때 커다란 파편이 중력권 밖으로 떨어져 나간 일부분에 의해 만들어졌을 것으로 추정하고 있습니다. 지구의 남반구를 보면 깊고 넓은 지형으로 되어 있는데, 충돌 시 이 부분의 땅 성분이 떨어져 나가 달이 되었을 것으로 생각하는 것입니다. 다른 작은 파편들은 지구 중력으로 인해 다시 지구로 돌아왔으나 지구의 4분의 1에 해당하는 커다란 땅덩어리는 돌아오지 못하고 달이 된 것입니다.

달이 돌아오지 못한 원인에 대해 조금 더 분석해 보겠습니다. 처음에 지구에서 떨어져 나간 큰 땅덩어리 파편은 뜨거운 열기로 인해 지구와 떨어져 있었을 것입니다. 그리고 지구가 식으면서 큰 파편도 식었을 것입니다. 이때 큰 땅덩어리 파편은 지구로 돌아오려 하였으나 당시 지구에는 이미 약 70%의 바닷물이 포위하고 있어 돌아오지 못했습니다. 이런 상태에서 큰 땅덩어리 파편도 지구의 4분에 1에 해당하는 중력을 가지고 있었으므로 지구의 바닷물에 힘을 미칠 수 있었습니다. 이를 기조력이라고 합니다.

이제 달의 기조력에 끌리는 바닷물은 달 방향으로 몰려가는 현상이 일어나게 됩니다. 이렇게 몰려간 바닷물이 해안에 닿으면 해안의 육지로 상승하게 됩니다. 이 상태에서 지구는 지구 중력으로 바닷물을 끌어들이는 힘이 생겨납니다. 커다란 파편(달)이 지구로 가까이 올수록 바닷물은 육지로 올라오는 힘이 강해지고 바닷물이 육지로 올라오는 힘이 강해질수록 지구 중력이 바닷물을 끌어들이는 힘도 상승합니다. 이러한 힘끼리 서로 팽팽하게 맞서는 가운데 마침내 지구를 회전하는 힘이 생기며 지구가 육지 방향으로 회전하는 현상이 일어나게 됩니다. 이렇게 하여 자전 현상이 생긴다고 추리하게 된 것입니다.

지구의 바닷물은 밀물과 썰물이 하루에 2번씩 교차하는 일이 일어납니다. 달은 지구 크기의 4분에 1에 해당하는 크기를 갖고 있습니다. 따라서 달의 기조력이 지구에 미치는 힘도 지구 중력의 4분의 1 크기입니다. 달과 지구의 거리는 약 40만 km 떨어져 있고 태양은 달의 거리에 비해 400배 더 멀리 있습니다. 그런데도 지구에서 보면 달의 크기와 태양의 크기가 같이 보입니다. 그만큼 태양이 크기 때문에 나타나는 현상입니다. 그래서 개기 일식이 일어나고 개기 월식이 일어날 때의 크기가 같은 것입니다.

달의 기조력은 지구 중력의 4분의 1 크기이므로 달의 기조력이 미친 지구는 4분의 1만큼 회전하게 됩니다. 이때 달은 멈추게 되고 바닷물은 썰물이 됩니다. 그리고 지구가 4분의 2만큼 회전하면 달은 지구로 다시 접근하게 됩니다. 이때도 바닷물은 육지에 닿게 되고 회전 동력이 발생하면서 지구는 4분의 3만큼 돌게 됩니다. 그리고 다시 지구는 썰물이 일어나면서 한 바퀴 회전하게 되는 것입니다. 이런 작용이 계속 반복으로 일어나면서 지구는 무한히 회전하게 되는 것으로 추리하고 있습니다.

이 설명은 매우 복잡해 보일 수 있으므로 다음 그림을 통해 간단히 이해해 보도록 하겠습니다.

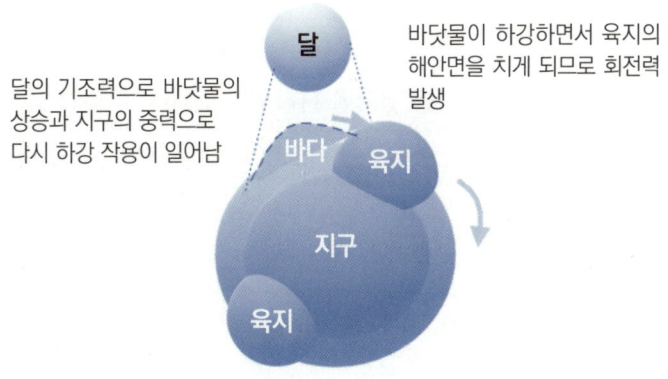

먼저 달이 지구로 접근하면서 태평양의 바닷물을 달 쪽으로 잡아 당기면서 바다의 수면이 오르게 됩니다. 이렇게 수면이 올라간 바닷물은 지구의 중력에 의해 다시 수평을 이루려는 힘이 생기기 때문에 다시 내려가는 힘이 생기게 됩니다. 이 내려가는 힘이 남북 아메리카 해안 부분에 힘을 가하는 일이 일어나게 됩니다. 그런데 이러한 힘은 지구의 70%를 차지하는 엄청난 바닷물이 일으키는 태평양 바닷물의 힘이므로 아메리카의 해안선을 밀어내는 힘으로 작용하게 됩니다. 지구가 반 바퀴 돌면 대서양 바닷물이 아프리카 지역의 육지에 머물고 마지막 반 바퀴를 돌게 하여 지구는 한 바퀴 회전하는 원리가 일어나는 것입니다. 이런 밀어내는 힘이 지속적으로 작용하면서 지구가 도는 힘이 발생하여 무한히 자전을 일으키는 힘에 영향을 주게 됩니다.

달의 기조력에 의한 회전력은 태평양의 반대편 대서양에서도 일어나게 됩니다. 대서양의 바닷물도 태평양의 바닷물과 똑같은 원리로 아프리카와 서유럽의 해안에 힘을 가하여 육지로 밀어 내므로 다시 지구에 회전력을 일으킵니다. 이렇게 하여 지구는 다시 회전을 일으키므로 한 바퀴 회전하는 결과를 나타내게 됩니다. 이렇게 한 바퀴 회전하자 다시 태평양의 바닷물에 기조력이 발생하여 지구의 회전은 지속적으로 일어나는 것으로 추정됩니다.

한편 오늘날 아메리카 대륙이나 아프리카 대륙의 활처럼 휘어진 모양의 해안선은 이때 만들어진 침식 작용 때문에 생겼을 것으로 추리할 수 있습니다. 이와 같은 추리에 의해 지구의 자전은 물론 활처럼 휘어진 모양의 해안선의 모양까지 예측할 수 있는 것입니다.

※ 지구 자전의 원리에 대한 더 자세한 설명은 필자가 쓴 『과학으로 풀어낸 창세기 1장, 천지창조의 비밀』을 참고하기 바랍니다.

우주의 별과 지구는 어떤 관계가 있을까?

현재 우주는 무수한 별과 은하로 구성되어 있습니다. 태양계는 그 중 아주 작은 하나의 점에 불과할 정도로 우주는 거대한 크기를 갖고 있습니다.

• **지구부터 우주 끝까지**

우주의 별과 지구의 관계에서 꼭 알아야 할 것은 지구부터 우주 끝까지가 서로 연결되어 있다는 사실입니다. 먼저 지구는 태양계 내에 속하면서 태양과 연결되어 있습니다. 태양을 중심으로 공전과 자전을 하기 때문에 태양계에서 떨어져 나가지 않고 생명을 유지하며 살아갈 수 있는 것입니다.

그런데 태양계 역시 우리은하에 속한 하나의 집단에 불과합니다. 놀라운 것은 태양도 지구처럼 우리은하를 중심으로 공전과 자전을 하고 있다는 사실입니다. 만약 태양이 공전과 자전을 하지 않는다면 태양 역시 우주의 미아가 되고 말 것입니다. 이를 막기 위해 태양계 역시 우리은하를 중심으로 공전과 자전을 하고 있는 것입니다.

그렇다면 우리은하는 어떨까요? 우리은하도 마찬가지로 더 큰 은

하단 중심으로 돌고 있습니다. 이렇게 우주는 지구에서 우주 끝까지 서로 연결되어 질서 있게 돌아가는 구조를 하고 있는 것입니다. 이것은 놀라운 하나님의 섭리라고 할 수밖에 없습니다.

다섯째 날과 여섯째 날, 생물 창조의 과학적 해석

과학자들은 최초의 생명체인 박테리아가 지구의 바다에서 만들어졌을 것으로 추측하고 있습니다. 최초의 식물도 바다에서 만들어지고 동물도 바다에서 만들어진 것으로 추측하고 있는 것입니다.

• **물들은 생물을 번성하게 하라**

창세기 1장 20절에는 '하나님이 가라사대 물들은 생물로 번성케 하라'라는 말씀이 나옵니다. 이것은 물에서 최초의 생명체가 나왔다는 과학자들의 주장과 정확히 맞아떨어집니다. 물에서 최초의 생명체가 나올 수 있었던 것은 앞에서도 이야기했듯 물이 곧 생명의 근원이기 때문이라고 할 수 있습니다. 세균을 비롯한 모든 생물을 이루는 세포는 거의 대부분 물로 이루어져 있습니다. 그리고 지구의 약 70%, 인체도 약 70%가 물로 이루어져 있습니다. 이렇듯 물은 생명, 생명력을 상징하는 대표적인 물질이라고 할 수 있습니다. 물이 육체적 생명의 근원이라면 이제 예수 그리스도는 스스로를 생수에 비유하며 정신적 생명의 근원임을 나타내고 있어 주목할 필요가 있습니다. 인간은 몸만 가지고 살 수 없고 마음까지 생명을 얻어야 살아갈 수 있는 존재입니다.

이제 생명의 근원인 물에서 바다의 생물들과 물고기들이 탄생하기 시작합니다. 그리하여 창세기 1장 21절에서 '하나님이 큰 물고기와 물에서 번성하여 움직이는 모든 생물을 그 종류대로 … 창조하시니' 라는 말씀이 이루어지는 것입니다.

물의 창조가 하나님의 과학적 계획이자 축복인 이유?

　태초 생물을 창조하기 전에 물들의 창조는 오늘날 하나님의 창조를 더 확실히 믿게 해 줄 수 있는 문장으로 생각하고 있습니다. 물이야말로 창조를 현실적으로 깨닫게 해 주는 생명의 근원 물질이기 때문입니다.

　모든 생물은 물이 없으면 만들어지지도 않고 존재할 수도 없을 것입니다. 천문학자들은 행성 중에 물이 있고 없고에 따라 생물의 존재 여부를 판단하기도 합니다. 그만큼 물은 생명체를 만드는 데 있어 반드시 있어야 하는 물질이기 때문입니다. 물 그 자체는 생명체라고 할 수 없습니다. 하지만 모든 생명체는 물을 재료로 하여 만들어졌습니다. 그런 점에서 모든 생물은 태초에 하나님이 "물들은 생물을 번성하게 하라" 말씀의 뜻에 순종하고 있다고 할 수 있습니다. 비생명체인 물이 창조된 말씀을 따라 본분을 다하고 있는 것이 참으로 경이롭게 보입니다.

　지구촌 어느 곳이든 물이 있으면 생물이 존재합니다. 물이 없으면 생명체도 사라지고 없어집니다. 지구촌이 이렇게 건강한 것은 물들이 생물을 번성케 하라는 임무를 다하고 있기 때문이라고 할 수 있습니다.

물들은 생물을 만드는 데 중매 역할을 합니다. 즉 지구에 존재하는 원자를 결합하여 분자가 되게 하고 결국 생명이 만들어지도록 도와주는 역할을 하는 것입니다. 즉, 물은 생물을 탄생시키기 위해 잉태하는 일을 도와주고 이렇게 만들어진 생물이 잘 자라도록 영양분을 공급하는 역할을 하는 것입니다.

과학에서도 지구에서 최초로 나타난 생명체는 물에서 만들어진 것으로 밝혀져 있습니다. 그런 점에서 물은 분명 생명과 관계된 그 무언가가 있는 것이 확실합니다. 실제 모든 생물의 몸체는 대부분 물로 이루어져 있습니다. 왜 물에서 생명이 나오고 생명이 번성하는 것일까요?

• **생명의 잉태자 역할을 하는 물**

모든 생물의 몸체를 이루고 있는 기본단위는 세포입니다. 그런데 이 세포는 대부분 물로 이루어져 있습니다. 세포의 종류에 따라 차이가 있지만 세포에서 물이 차지하는 비율은 일반적으로 70%~90%입니다. 최초의 생명체라고 알려져 있는 박테리아는 세포 하나로 이루어진 대표적 생명체인데 이때 박테리아를 이루는 세포 역시 물이 차지하는 비율은 70%~90%입니다.

인간의 태아가 만들어지는 어머니의 자궁 역시 물로 이루어져 있습니다. 그 물속에서 태아라는 생명체가 태어나는 것입니다. 더욱 신비한 현상은 깊은 산속 바위틈에 고인 물에도 물고기가 산다는 점입니다. 도대체 이 물고기는 어디서 온 것일까요? 물고기가 이 산속 바위틈에 고인 물까지 올 수 있는 길이 도저히 보이지 않는데도 말입니다.

그런 점에서 물은 생명의 잉태자 역할을 하는 에너지를 갖고 있다고 볼 수 있습니다. 물속의 유기물질에게 생명에너지를 전달하여 생명이 탄생하고 성장하게 하는 전달자 역할을 하는 것입니다. 하나님은 이러한 과학적 설계에 따라 생명을 창조하기 전에 물을 먼저 창조하셨던 것입니다.

이러한 생명에너지를 갖고 있는 물의 화학적 작용에 따라 유기물이 만들어지고 각종 생명체가 탄생하게 된 것입니다. 그리하여 물고기와 새로부터 시작하여 육상동물과 인간이 창조된 것입니다. 그리고 각각의 생명체에는 성장하고 번식하는 과학적 원리를 심어 줌으로써 더 많은 개체로 발전하도록 하였습니다. 그 덕분에 오늘날 지구는 각종 동물과 식물로 뒤덮여 아름다운 자연과 생태계를 이루고 있습니다.

창세기 1장 20절
하나님이 가라사대 물들은 생물로 번성케 하라

비과학 시대에 쓰인 물에 관한 기록이 현대과학 세상의 눈으로 봤을 때 참으로 경이롭고 놀랍습니다.

- **궁창에는 새가 날으라 하시고**

한편, 다섯째 날에는 하늘의 새도 만들어지는데 이것은 둘째 날 만들어진 궁창, 즉 지구의 하늘과 연결됩니다. 하늘이 만들어지면서 하늘에서 날 수 있는 새가 만들어진 것입니다.

과학적으로 볼 때 새는 파충류 다음으로 생긴 동물로 알려져 있습니다. 파충류는 악어나 뱀 같은 동물입니다. 괴기 공룡이 살던 시대가 있었는데 공룡도 대표적인 파충류입니다. 그때 하늘을 나는 익룡도 있었는데 익룡 다음으로 나타난 동물이 바로 새인 것으로 밝혀져 있습니다.

언뜻 보기에 물고기 다음으로 새가 만들어졌다고 하는 창세기 말씀이 과학에서 밝혀낸 동물의 순서와 맞지 않다고 생각할 수 있습니다. 과학에서는 파충류 다음으로 새가 만들어졌다고 하는데, 성경에서는 마치 물고기 다음으로 새가 만들어진 것처럼 나와 있기 때문입니다. 파충류는 바다에서 사는 동물이라기보다 육지에서 사는 동물입니다. 물론 많은 파충류는 땅과 물을 오가는 생활을 하기도 합니다.

다시 말하지만, 창세기의 천지창조를 볼 때 과학적 순서를 생각하고 보면 문제가 생깁니다. 앞에서도 이야기했듯 창세기의 천지창조는 과학적 창조 순서에 맞게 창조를 이야기하기보다 둘째 날 창조와 대응하여 다섯째 날 창조를 이야기하고 있기 때문입니다.

과학에서 밝혀낸 동물의 창조 순서는 바다의 물고기, 다음으로 개구리같이 물과 육지를 오가는 양서류가 그다음입니다. 그리고 악어나 공룡과 같은 파충류가 만들어지고, 그다음에 새가 만들어집니다.

- **땅은 생물을 그 종류대로 내되**

창세기 1장 24절에는 이제 여섯째 날의 창조로 '땅은 생물을 그 종류대로 내되 육축과 기는 것과 땅의 짐승을 종류대로 내라 하시고'라는 말씀이 나옵니다. 이것은 셋째 날 땅의 창조와 연결되며 식물의 창조와도 연결됩니다. 땅과 식물로 덮인 지구에서 살아갈 동물이 만들어지는 것입니다.

앞에서도 이야기했듯 최초로 땅에 나타난 동물은 양서류였습니다. 양서류는 물고기로부터 나왔기 때문에 땅과 물을 오가며 생활했습니다. 그리고 이 양서류보다 더 발달한 동물이 파충류였습니다. 파충류는 물 없이도 완전히 육지에서 살 수 있는 동물이었습니다. 그리고 파충류는 기어다니는 동물이었습니다. 창세기 1장 24절 말씀에서 기는 것이 바로 파충류를 뜻하는 동물입니다. 파충류라는 이름도 '기어다닌다'는 뜻에서 나왔습니다.

파충류 다음으로 나온 동물이 바로 포유류입니다. 포유류는 알을 낳아 번식하는 파충류와 달리 자기 몸 안에 새끼를 배고 낳아 기르는 동물입니다. 그리고 뇌가 발달하여 지능이 뛰어납니다. 자기 몸 안에 일정 기간 동안 새끼를 배고 고통 가운데 낳는 과정을 거치기 때문에 최초의 감정을 가진 동물이라고도 알려져 있습니다. 창세기 1장 25절에서 땅의 짐승, 육축이라는 이름이 나오는데, 이 동물들이 바로 포유류를 가리키는 것입니다.

• 생육하고 번성하기 위해 사는 동물들

하나님은 창세기 1장 22절에서 물고기를 만들고 새를 만들면서 생육하고 번성하라는 축복을 주셨습니다.

> 하나님이 그들에게 복을 주어 가라사대 생육하고 번성하여 여러 바다 물에 충만하라 새들도 땅에 번성하라 하시니라

우리는 자연에서 하나님이 만든 동물들은 하나같이 하나님의 말씀에 순종하며 살아가는 모습을 볼 수 있습니다.

바다의 물고기나 하늘의 새들이나 땅에 기는 것과 모든 동물들이 새끼를 낳고 기르는 일에 있어 쉬지 않고 움직이는 모습을 볼 수 있기 때문입니다.

번성하기 위해서는 암컷과 수컷이 있어야 합니다. 생육하기 위해서는 자연에 먹잇감이 충분히 있어야 합니다. 그러기 위해 하나님은 모든 것을 예비해 놓은 것을 세월이 흐른 오늘날에야 알 수 있습니다.

하나님은 지구상의 모든 동물과 식물, 물고기, 곤충까지 생육하며 번성하도록 창조하셨습니다. 이에 따라 자연의 동물과 식물들은 모두 생육하며 번성하는 일에 최선을 다하며 살아가는 모습들을 엿볼 수 있습니다.

• 새끼를 위해 목숨까지 거는 동물들

우리는 자연에서 살아가는 동물들의 모습을 통하여 하나님의 섭리를 느낄 수 있습니다. 동물들이 살아가는 모습 하나하나에 놀라운 생명의 원리들이 숨어 있기 때문입니다. 특별히 벌들의 집단이 생육하고 번성하며 살아가는 모습은 놀랍기만 합니다.

벌들은 여왕벌 한 마리에 약 2만 마리 벌들이 집단을 이루며 살아가고 있습니다. 이때 여왕벌은 오직 번성을 위해 살아가고 일벌들이 생육을 책임지는 구조를 하고 있습니다. 여왕벌은 일생 동안 일하지 않고 꾸준히 알만 낳고 살아갑니다. 이때 수컷과 교미를 할 때만 바깥으로 나오는데 이때 수많은 수벌들이 교미를 위하여 달라붙습니다. 하지만 여왕벌에게 선택되는 수벌은 단 한 마리뿐입니다. 선택된 수벌은 여왕벌과 교미를 하는데 놀라운 사실은 교미가 끝나면 이 수벌이 곧바로 죽고 만다는 사실입니다. 여왕벌은 이러한 과정을 통하여 평생 알만 낳고 살다가 죽는 것입니다.

　수벌이 벌 집단의 번성을 위해 자기 목숨을 바치는 장면은 숭고한 느낌을 줍니다. 생명을 위해 자기 목숨을 바치는 것이기 때문입니다. 여기에서 우리가 알아야 하는 것은 벌들은 생육하고 번성하라는 하나님이 창조하신 뜻에 순종하기 위해 자기 목숨까지 바치며 산다는 사실입니다. 수시로 하나님의 뜻에 순종하지 못하는 인간은 이러한 벌에게서 배워야 할 것입니다.

　새끼를 낳기 위해 자기 목숨을 버리는 일은 두꺼비에게서도 볼 수 있습니다. 두꺼비는 자기 새끼를 낳기 위해 일부러 자기의 천적인 뱀에 잡혀 죽는다고 알려져 있습니다. 그렇다면 왜 두꺼비는 자기 새끼를 낳기 위해 뱀에게 잡아먹히는 위험한 일을 벌이는 것일까요?

　뱀이 새끼를 밴 두꺼비를 잡아먹으면 두꺼비가 죽게 되지만 이때 두꺼비를 삼킨 뱀도 두꺼비의 독성 때문에 죽게 됩니다. 이 과정에서 두꺼비의 새끼는 시체가 된 뱀의 몸속에서 어느 정도 자라는 과정을 거친 후 몸 밖으로 나오게 됩니다. 두꺼비가 자기 새끼를 낳기 위해 이런 방법을 사용하는 이유는 뱀의 몸속이 두꺼비의 새끼가 자랄 수 있는 최적의 환경을 갖추고 있기 때문입니다. 결국 두꺼비 어미는 자신의 새끼를 안전하게 태어나도록 하기 위해 자신의 목숨까지 바쳤던 것입니다. 자식을 위해 목숨까지 바치는 부모의 모습은 숭고하기 그지없습니다.

• **새끼를 진심으로 사랑하는 동물들**

사람도 부모는 자식을 목숨처럼 사랑하지만 이런 모습은 동물들에게서도 볼 수 있습니다. 극한의 추위 속에 사는 남극의 펭귄들은 자신들이 낳은 알을 보호하기 위해 최선을 다합니다. 거센 눈보라가 몰아치는 가운데 한 펭귄이 알을 품고 있습니다. 너무 춥기 때문일까요, 펭귄 가족들은 서로 번갈아 가며 소중하게 알을 품는 모습을 보입니다. 그렇게 알에서 태어난 새끼 펭귄들은 귀엽기 그지없습니다.

어미 펭귄이 먼바다까지 나가서 어렵게 겨우 물고기를 잡습니다. 그렇게 어미 펭귄은 물고기를 조금도 먹지 않고 입에 문 채 다시 먼 바다를 헤치고 새끼에게 와서 소중하게 먹이를 줍니다. 한낱 펭귄조차 생육하고 번성하라는 하나님의 말씀에 순종하기 최선을 다하고 있는 것입니다.

초원에 사는 하이에나는 우리가 별로 좋아하지 않는 동물입니다. 그러나 하이에나조차 새끼를 사랑하는 마음은 변함없습니다. 아프리카의 광활한 초원에 무리에서 떨어진 어미 하이에나가 있었습니다. 어미 하이에나 곁에는 새끼 세 마리가 있었고요. 어미 하이에나는 새끼들의 먹이를 구하기 위해 험난한 사냥길에 나섭니다. 그런데 이날따라 좀처럼 먹잇감이 보이지 않습니다. 그러는 사이 갑자기 억수 같은 비가 쏟아졌고 곧 초원은 물바다가 되었습니다. 그럼에도 불구하고 어미 하이에나는 먹잇감 찾는 것을 포기하지 않습니다. 어미 하이에나는 나무 위에 달라붙어 기회를 엿보다 죽은 물소를 뜯어먹고 있는 사자를 발견하게 됩니다. 초원의 황제인 사자를 보면 무서워 도망가야 하지만 어미 하이에나는 이번이 기회라 생각하고 목숨을 무릅쓰고 물소에게 다가가 물소를 뜯기 시작합니다. 사자가 가만히 있을 리 없습니다. 사자가 어미 하이에나를 공격하여 다리에 부상을 입혔음에도 어미 하이에나는 포기하지 않고 물소 고기를 뜯어 입에 문 채 도망가기 시작합니다. 사자에게 물려 부상을 당했지만 새끼들에게 줄 먹이를 구했다는 생각에 어미 하이에나는 오히려 기쁜 마음으로 달립니다. 어미 하이에나의 입에는 새끼들에 줄 충분한 양의 물소 고기가 물려 있습니다. 어미 하이에나는 새끼들이 있는 곳으로 돌아와 새끼들에게 자신이 가지고 온 먹이를 먹이기 시작합니다. 새끼를 위해 자기 몸을 아끼지 않는 모습에서 하이에나마저 하나님의 명령에 순종하며 살아가는 모습을 엿볼 수 있습니다.

• 생육하고 번성하는 일에 최선을 다하는 북극곰

북극은 동물이 살아가기에 극한의 환경을 가지고 있는 곳입니다. 그런 곳에서도 생명력을 유지하며 살아가는 북극곰은 우리에게 많은 감명을 주고 있습니다.

북극에는 동물이 살아가기에 알맞은 땅이나 숲이 없고 온통 빙산과 얼음뿐입니다. 만약 인간이 이곳을 걸어가려면 미끄러지지 않기 위해 걷는 것조차 조심조심 걸을 수밖에 없을 것입니다. 하지만 북극곰은 발바닥이 미끄러지지 않는 구조로 되어 있어 얼음 위라도 미끄러지지 않고 다닐 수 있습니다. 또 북극곰은 태어날 때부터 타고난 수영 실력을 가져 물고기나 물개 등을 잡아먹고 살아갈 수 있습니다.

북극곰의 임신 기간은 약 8개월 정도인데, 대부분 겨울에 동면하는 기간 동안 동굴이나 눈 덮인 굴에서 새끼를 낳습니다. 이때 어미는 새끼가 자라는 동안 굴 밖으로 나가지 않으면서 새끼를 지키기 위해 안간힘을 씁니다. 만약 새끼가 위협을 받는 일이 생기면 어떤 위험도 감수하고 새끼를 지키려 합니다. 먹이를 구하기 위해 사냥을 나갈 때면 반드시 새끼를 안전하게 지킬 수 있는 곳에 두고 사냥을 나갑니다.

북극곰 새끼는 사람처럼 어릴 때는 어미의 젖을 먹고 자라다가 점차 자라면서 어미가 사냥한 먹이를 먹습니다. 북극곰은 약 2년 동안 새끼가 성장할 때까지 먹이를 제공하고 사냥하는 기술을 가르칩니다. 이때 북극곰은 새끼를 데리고 북극의 혹독한 환경을 경험하게 하면서 먹이를 찾는 법, 위험을 피하는 법, 혹독한 환경에서 살아남는 법을 가르칩니다.

2년이 지나 새끼가 독립할 준비가 되었을 때 어미는 서서히 독립적인 생활을 할 수 있도록 도와줍니다. 그렇게 새끼는 어미의 사랑과 희생 가운데 독립적으로 살아갈 수 있게 되는 것입니다. 북극곰의 생태를 보면서 생육하고 번성하라는 하나님의 말씀에 최선을 다하는 모습을 느끼게 됩니다.

• 뻐꾸기가 남의 둥지에 알을 낳는 이유

뻐꾹~ 뻐꾹 봄이 오네~ 뻐꾹~뻐꾹 봄이 가네~

어릴 때 동요에 나오는 뻐꾹새를 무척 좋아했습니다. 그런데 이 뻐꾸기가 남의 둥지에 알을 낳는다는 이야기를 듣고 왜 저럴까, 생각하게 되었습니다. 뻐꾸기 새끼는 심지어 남의 둥지에 있던 알까지 밀어내고 자기가 둥지를 차지하기까지 합니다. 왜 뻐꾸기는 이런 일을 벌이는 것일까요? 알아보니 뻐꾸기는 남의 둥지 즉 개개비, 맷새, 탁새, 오목눈이 등의 둥지에 알을 낳는다고 합니다.

뻐꾸기가 남의 둥지에 알을 낳는 이유는 뻐꾸기의 몸이 알을 품을 수 없는 구조라서, 고육지책으로 탁란을 하여 부화시키고 새끼가 잘 자랄 수 있는 방법을 찾기 때문이었습니다. 그래서 뻐꾸기는 자신의 알을 다른 새의 둥지에 몰래 낳기 위해, 여러 방법을 사용합니다. 뻐꾸기는 매 소리를 흉내 내어서 둥지에서 알을 품고 있던 새를 잠깐 떠나게 한 후 자신의 알을 둥지에 넣고 재빨리 도망가 버립니다. 다시 둥지로 돌아온 주인 새는 뻐꾸기의 알을 자신의 알로 착각하며 키우게 됩니다. 이것이 가능한 이유는 뻐꾸기의 알이 원래 둥지에 있던 알과 비슷하게 생겼기 때문입니다.

이렇게 뻐꾸기의 알은 둥지 주인 새의 보살핌으로 부화한 후 다른 새끼보다 매우 빠르게 자랍니다. 이렇게 덩치가 커진 뻐꾸기 새끼는 다른 새끼들을 밀어 내고 자신만이 살아남을 수 있는 환경을 만듭니다. 그러다가 20~23일쯤 되면 몰래 둥지에서 떠나 버립니다. 둥지 주인 새는 먹이를 입에 물고 이리저리 뻐꾸기 새끼를 찾아 보지만 이미 뻐꾸기 새끼는 멀리 날아간 후가 되고 마는 것입니다.

뻐꾸기가 이런 생존 전략을 사용하는 이유는 이 방법이 새끼가 자연의 경쟁에서 살아남고 성장할 수 있는 최선의 방법이기 때문입니다. 이러한 뻐꾸기 이야기에서 우리는 "번성하라"라는 하나님 말씀에 순종하기 위해 치열한 생존 전략을 세우고 움직이는 모습을 엿볼 수 있습니다.

• **생육과 번성을 위해 짧은 생명을 사는 매미**

여러분은 매미가 살 수 있는 수명이 단 7일밖에 안 된다는 사실을 알고 있나요? 여름철이면 귀가 따갑도록 울어 대는 매미는 7일만 살다가 죽어야 하기에 그리 슬피 우는지도 모릅니다.

매미는 나뭇가지에 알을 낳습니다. 2~3주 후면 부화하여 애벌레가 되는데 이때 나무를 타고 내려가 땅속에서 애벌레로 무려 3년에서 7년을 지냅니다. 가장 길게는 무려 7년이 지나야 땅 밖으로 나오는 것입니다. 밖으로 나온 애벌레는 비로소 매미가 되지만 매미로서는 단 7일 동안만 살다가 죽게 됩니다. 매미는 왜 이런 모순된 생태를 사는 것일까요?

여름철 울어 대는 매미는 암컷 매미로 수컷을 부르기 위해 그토록 큰 소리로 울어 대는 것입니다. 수컷 매미는 암컷 매미의 소리를 듣고 날아와 교미를 하게 되는데 놀랍게도 교미를 마치면 수컷 매미는 곧바로 죽게 됩니다. 그리고 암컷 매미도 나뭇가지에 알을 낳은 후 죽게 됩니다. 그 기간이 7일인 것입니다. 매미는 생애에 가장 아름다운 모습이 되었는데 7일밖에 살지 못하고 죽는 것입니다. 결국 매미는 재미있게 살기보다 생육하고 번성하라는 하나님 말씀에 순종하기 위해 이런 길을 선택한다고 볼 수밖에 없습니다. 매미를 보며 다시 한번 하나님께 순종하는 동물들의 신비로움을 느끼게 됩니다.

• 생육과 번성을 위해 가장 긴 거리를 이동하는 연어

연어는 바다와 강을 오가는 물고기로 잘 알려져 있습니다. 즉 강에서 부화하여 바다로 가 생활하다가 산란기가 되면 다시 태어난 곳으로 돌아오는 물고기인 것입니다. 놀라운 것은 이 과정에서 연어가 이동하는 거리가 약 6천 킬로미터에 달한다는 사실입니다. 6천 킬로미터는 우리나라에서 인도까지의 거리에 해당하는 매우 먼 거리입니다. 그런 먼 거리를 조그마한 물고기가 이동한다는 사실은 놀랍기만 합니다. 연어는 왜 이런 행동을 하는 것일까요?

일단 연어는 강에서 알을 낳습니다. 연어가 강에서 알을 낳는 이유는 강이 연어 알이 부화하기에 적합하기 때문입니다. 연어는 차가운 물에서 번식하는데, 강 상류의 차가운 물은 알이 부화하기에 적합합니다. 이렇게 강에서 부화한 연어는 다시 바다로 가는데, 여기에도 이유가 있습니다. 바다가 연어에게 풍부한 먹이와 성장 환경을 제공하기 때문입니다. 이 때문에 연어는 먼 거리를 이동하며 생육해 나갑니다. 이처럼 매우 먼 거리를 이동해야 하기 때문에 연어는 길을 잘 찾아갈 수 있는 놀라운 내비게이션 능력을 가지고 있습니다. 또 연어는 바다와 강을 오가는 동안 중요한 신체적 변화와 생리적 변화를 겪게 됩니다. 바다와 강을 오가면서 염분 조절이 가능해지는 생리적 변화를 겪습니다. 특히 바다에서 강으로 돌아오는 길은 매우 험난한데, 그럼에도 불구하고 연어는 이 길을 포기하지 않습니다.

강물을 거슬러 올라가는 것은 많은 힘이 드는 일입니다. 이때 연어는 수개월 동안 먹지 못하고 강의 상류로 거슬러 올라가면서 체중이 크게 줄어들기도 합니다. 또 먼 거리를 이동하는 과정에서 상어나 물개 등 천적을 만나 먹히기도 하고, 강줄기를 타고 올라오다가 곰이나 독수리 같은 천적에게 희생당하기도 합니다. 이 모든 과정을 다 뚫고 드디어 산란 장소에 도착한 암컷 연어는 알을 낳고 수컷 연어는 그 알에 수정하고 천적들로부터 안전하도록 모래로 덮습니다. 이렇게 산란을 마치고 나면 연어는 곧 죽고 맙니다. 결국 연어는 알을 낳기 위해 이 모진 수고를 감당해 낸 것입니다. 이러한 연어 역시 생육하고 번성하라는 하나님의 말씀에 순종하는 훌륭한 모습을 보였다는 생각이 들었습니다.

우리는 자연 속에서 살아가는 동물들의 생태를 통하여 동물들조차 생육하고 번성하라는 하나님의 뜻에 순종하며 살아가고 있음을 보았습니다. 그런데 인간 역시 하나님으로부터 생육하고 번성하라는 하나님의 명령을 받았다는 사실을 알아야 합니다.

창세기 1장 28절

하나님이 그들에게 복을 주시며 그들에게 이르시되 생육하고 번성하여 땅에 충만하라, 땅을 정복하라, 바다의 고기와 공중의 새와 땅에 움직이는 모든 생물을 다스리라 하시니라

그런데 인간에게는 생육하고 번성하는 것 외에 땅을 정복하고 모든 생물을 다스리라는 명령까지 주어졌음을 볼 수 있습니다. 하나님이 인간을 창조한 모든 뜻이 담겨 있습니다. 그런데 오늘날 인간은 땅을 정복하는 과정에서 자연에 순응하기보다 환경을 파괴하는 일을 하고 있어 문제가 되고 있습니다. 이것은 하나님의 뜻에 순종하기보다 인간의 어리석은 지식과 힘으로 살려고 했기 때문에 나타난 결과라고 할 수 있습니다. 따라서 동물의 생태에서 자연에 순응하고 순종하는 태도를 배우는 것은 무엇보다 중요한 일이라 하지 않을 수 없습니다.

여섯째 날, 인간 창조의 과학적 해석

드디어 창세기 1장의 천지창조는 마지막 창조를 남겨 두고 있습니다. 바로 인간의 창조입니다. 왜 인간은 천지창조에서 제일 마지막에 창조되는 것일까요?

• 우리의 형상을 따라 우리의 모양대로

창세기 1장 26절에는 '하나님이 가라사대 우리의 형상을 따라 우리의 모양대로 우리가 사람을 만들고'라는 말씀이 나옵니다. 지금까지 하나님은 기본 물질과 물과 빛과 하늘과 땅, 식물과 동물을 만들었습니다. 이것은 지구의 환경을 갖추기 위한 과정이었다고 볼 수 있습니다. 그런데 마지막 인간을 창조할 때는 조금 다른 창조 과정을 거칩니다. 이전의 창조와는 달리 하나님 자신의 형상을 따라 인간을 만들었다는 것입니다. 여기에는 놀라운 비밀이 숨어 있다고 볼 수 있습니다.

형상을 따라 만들었다는 것은 하나님 자신을 닮은 인간을 만들었다는 것을 뜻합니다. 하나님은 왜 자신을 닮은 인간을 만들었을까요? 이것은 마치 부모가 자신을 닮은 자식을 낳는 것과 비슷합니다. 부모는 자식을 사랑으로 낳는다고 합니다. 마찬가지로 하나님도 인간을 사랑으로 창조한 것입니다.

하나님이 자신의 형상을 따라 인간을 만들었다는 증거는 얼마든지 찾을 수 있습니다. 모든 지혜를 가진 하나님처럼 모든 동물 중 인간의 지혜가 가장 뛰어난 것이 첫 번째 증거입니다. 또 인간의 마음에는 바른 마음을 따르고자 하는 양심이 있는데, 이 또한 바른 뜻을 나타내는 하나님과 닮아 있습니다.

• 인간에게 복을 주시며

창세기 1장 28절에는 '하나님이 그들에게 복을 주시며 그들에게 이르시되 생육하고 번성하여 땅에 충만하라, 땅을 정복하라, 바다의 고기와 공중의 새와 땅에 움직이는 모든 생물을 다스리라 하시니라'라는 말씀이 나옵니다.

실제 인간은 생육하고 번성하여 온 지구에 퍼져 살고 있습니다. 현재 전 세계 인구는 80억 명을 넘어서고 있을 정도입니다. 그리고 땅을 정복하여 지구의 생물을 다스리며 살고 있다고 해도 틀린 말이 아닐 정도로 발달된 세상을 만들어 놓았습니다.

이러한 발달된 세상을 만든 중심에 과학의 발전이 있습니다. 과학의 발전으로 인하여 오늘날 최첨단 문명을 이루고 있습니다. 역사상 그 어느 때보다 생활하기에 편리하고 효율적인 삶을 살고 있습니다.

앞으로 4차 산업혁명 과학기술이 더욱 발전한다면 지금보다 더욱 살기 좋은 세상이 만들어질 것입니다. 이것은 곧 인간이 그토록 가기를 원하는 천국 세상과 닮아 있습니다. 즉 하나님이 과학의 법칙을 통하여 우주와 지구를 창조했듯이 이제 인간은 그 과학을 통하여 천국 세상을 이루게 되는 것입니다. 그런 점에서 과학으로 이루어지는 천국 세상은 주기도문에 나오는 '뜻이 하늘에서 이룬 것같이 땅에도 이루어지이다'라는 말씀과 연결됩니다. 즉 하늘에서 하나님이 과학의 법칙에 의해 창조를 이룬 것같이 땅에서도 과학에 의해 천국 세상의 창조를 이뤄 내는 것입니다.

• 천지창조는 인간에 대한 사랑의 선물이다

우리가 공연을 볼 때 그 공연의 주인공은 맨 뒤에 등장하곤 합니다. 주인공이 맨 처음이나 중간부터 나오면 그 뒤의 공연이 재미없어지기 때문입니다. 그리고 주인공이 맨 뒤에 등장하면 그만큼 관심은 더욱 커지게 마련입니다. 따라서 공연에서 주인공이 등장하기 전 앞부분은 오직 주인공에 초점을 맞춰 구성하게 됩니다. 그래야 주인공을 더욱 돋보일 수 있기 때문입니다.

창세기 1장의 천지창조에서 인간은 맨 뒤에 등장합니다. 이것은 곧 천지창조 스토리의 주인공이 곧 인간임을 뜻합니다. 따라서 앞부분에서 만들어진 우주와 태양과 달과 지구는 모두 인간을 위한 창조임을 알 수 있습니다. 이것들이 있어야 인간이 살아갈 수 있기 때문입니다. 또 하늘과 땅과 바다와 지하자원과 식물과 동물과 지구의 자전과 공전 등 모든 창조도 인간을 위한 창조입니다. 이런 것들이 있어야 인간이 지구에서 살아갈 수 있기 때문입니다.

이런 기준으로 볼 때 하나님이 얼마나 인간을 사랑했는지 알 수 있습니다. 인간을 위해 이 거대한 우주와 지구와 생물을 창조했기 때문입니다. 이런 멋진 환경 속에서 하나님은 인간과 사랑으로 교제하며 살아가기를 원했습니다. 이것은 찬양과 기도와 예배를 통하여 가능해집니다. 하나님은 여러 역경 속에서 서로 사랑하고 사랑받으며 살면서 하나님께 영광과 찬송드리며 지구에서 행복하게 살 수 있도록 위대한 창조를 하신 것입니다.

우리는 광활한 하늘에 무수히 많은 별들을 볼 때나 지구 곳곳에 웅장하고 아름다운 자연과 드넓은 바다를 볼 때나 그리고 수많은 동물

과 곤충들의 신비를 바라볼 때 과연 이 모든 것들이 인간을 위해 만들어졌을까 의심이 들기도 합니다. 그러나 성경 말씀을 가만히 살펴보면 이 모든 것들이 인간을 위해 창조된 것임을 알 수 있습니다.

성경은 하나님의 창조 역사가 기록된 책이라고 생각합니다. 비록 40여 명의 다른 사람에 의해 쓰였지만, 수천 년의 역사가 기록되는 동안 일괄적으로 인간이 어떻게 살아야 하는지에 대한 방향을 제시해 주는 내용이 잘 담겨져 있습니다. 그리고 처음 만든 아담으로부터 예수님이 오실 때까지 믿음의 계보가 매우 잘 적혀 있습니다. 인간에게 주신 십계명의 말씀을 보면 1계명부터 4계명까지는 하나님을 어떻게 섬겨야 하는지에 대한 내용이 나오며 5계명에서 10계명까지는 인간이 지켜야 할 내용이 나옵니다.

1. 너는 나 외에 다른 신들을 네게 두지 마라
2. 너를 위하여 새긴 우상을 만들지 말고 그것들에게 절하지 말며 그것들을 섬기지 마라
3. 너는 너의 하나님 야훼의 이름을 망령되게 부르지 마라
4. 안식일을 기억하여 거룩하게 지켜라
5. 네 부모를 공경하라
6. 살인하지 마라
7. 간음하지 마라
8. 도둑질하지 마라
9. 네 이웃에 대하여 거짓 증거하지 마라
10. 네 이웃의 집을 탐내지 마라

이 십계명이 성경 전체를 잘 대변하고 있습니다. 결국 성경은 하나님께서 인간에게 주신 말씀들을 기록한 책이라 할 수 있습니다. 성경에서 인간은 다른 동물과 달리 하나님의 영을 물려받은 영적인 생명이라고 이야기합니다. 그래서 하나님은 이런 인간을 위하여 천지를 창조하신 것입니다. 그러나 인간은 하나님을 잘 몰라 어리석게 살지만, 하나님은 여전히 인간에게 한없는 은혜와 사랑을 베풀고 계십니다. 우리는 이 사실을 잘 알아야 합니다.

3막

비과학시대 VS 과학시대의 성경 해석

6일 창조의 신화적 해석 VS 과학적 해석

성경의 천지창조 기록을 문자 그대로만 보면 마치 6일 동안 우주의 모든 것이 창조된 것처럼 보입니다. 그래서 오늘날 교회에서는 우주 만물이 6일 동안 창조되었다고 굳건히 믿고 있습니다.

• 과학과 맞지 않는 6일 창조의 문제

하지만 이 생각은 학교에서 배우는 과학의 내용과 맞지 않아 문제가 되고 있습니다. 과학에서 밝힌 우주의 나이는 무려 약 138억 년입니다. 태양계와 지구만 따져도 약 46억 년입니다. 1억 년은 9,999년보다 1년이 더 많은 엄청난 시간입니다. 46억 년과 6일은 차이가 나도 너무 납니다.

문제는 과학에서 밝힌 46억 년은 과학적 증명이 어느 정도 이루어진 상태이나 성경의 6일은 과학적 증명이 이루어지지 않았다는 사실입니다. 물론 과학도 틀릴 수 있으나 그럼에도 불구하고 46억 년과 6일은 너무나 차이 나는 숫자가 아닐 수 없습니다. 이 때문에 교회에 다니는 많은 학생은 곤란하지 않을 수 없습니다. 과학적 증명이 이루어진 것과 이루어지지 않은 것 중 어느 하나를 믿으라 하면 증명이 이루어진 것을 믿을 수밖에 없기 때문입니다. 그래서 교회를 떠나는 학생들이 많습니다.

• 그렇다면 이 문제를 어떻게 해결할 수 있을까요?

창조 날이 6일이란 인간적 시간으로 보는 데에서 문제가 있다고 생각합니다. 지금은 첨단 과학의 시대입니다. 양자역학의 역량이 편리한 세상을 제공해 주고 있습니다. 즉 원자의 힘입니다. 또한 모든 물질이 원자에서부터 만들어졌습니다. 미시 세상에서 거시 세상이 만들어진 것입니다. 눈으로 보이지 않는 물질에서 만물이 생성된 것을 알게 되었습니다. 여기에서 하나님의 창조를 다시 통찰해야 할 것입니다.

• 하나님의 시간을 알아야 한다

이에 대한 답을 얻기 위해 먼저 성경이 역사적 사실을 기록하려는 목적으로 쓰인 책이 아니란 사실을 알아야 합니다. 성경은 죄로 인해 하나님을 떠난 인간을 구원하기 위해 쓰인 책입니다. 따라서 성경의 문장 하나에도 깊은 뜻이 있으며 성경의 내용에는 수많은 상징과 비유가 가득합니다.

우리나라 교회는 유독 '성경 문자주의'를 따릅니다. '성경 문자주의'란 문자 그대로를 사실로 믿는 것을 말합니다. 이것은 19~20세기 초에 미국 교회에서 만들어진 기독교 근본주의자들이 만들어 낸 사상입니다. 그것이 그대로 우리나라에 전해져 우리나라 교회 중에는 성경 문자주의를 따르는 교회들이 많습니다. 이 때문에 창세기 1장의 천지창조 시간을 문자적으로 보아 6일로 단정해 버린 것 같습니다.

하지만 앞에서도 이야기했듯 성경은 깊은 뜻을 담고 있는 책입니다. 절대 문자주의로 해석되지 않는 구절들이 수두룩합니다. 그중에서도 창세기 1장은 대표적인 상징들이 숨어 있는 곳입니다.

먼저 창세기 1장에 나오는 첫째 날, 둘째 날…이 과연 우리가 생각하는 하루를 나타내는지부터 살펴보도록 하겠습니다. 우리가 보는 성경은 한글로 번역된 성경이고 실제로는 히브리어(이스라엘 민족의 언어)로 기록된 원어 성경이 있습니다. 우리나라 성경 창세기 1장에 나오는 첫째 날은 히브리어 원어성경에서는 '에하드'로 기록되어 있습니다. 그런데 에하드는 첫째 날이 아니라 '하나의 날'이란 뜻입니다. 첫째 날과 하나의 날은 매우 큰 차이가 있습니다. 첫째 날은 이후에 나오는 둘째 날과 이어져 여섯째 날까지 6일이란 계산이 나오지만, 하나의 날은 이후에 나오는 둘째 날부터 여섯째 날까지와는 뭔가 맞지 않는 문제를 일으키기 때문입니다. 우리는 하나, 둘, 셋…처럼 개수를 셀 때 사용하는 수를 기수라 하고 첫째, 둘째, 셋째…처럼 순서를 나타낼 때 사용하는 수를 서수라고 합니다. 그런데 원어 성경에서 첫째 날은 서수를 사용하지 않고 기수를 사용한 것입니다. 그리고 나머지 둘째 날부터 여섯째 날까지는 서수를 사용했습니다. 왜 이런 방식으로 쓰인 것일까요?

여기에는 하나님의 오묘한 뜻이 담겨 있다고 볼 수 있습니다. 하나님은 온 우주를 하나라는 생각으로 다스리는 분입니다. 그런 가운데 하나의 날이란 것은 곧 인간의 시간이 아닌 하나님의 시간적 개념을 뜻한다고 볼 수 있습니다. 즉 창세기의 천지창조는 인간의 시간이 아닌 하나님의 시간에서 창조되었다는 것을 강조하기 위해 첫째 날을 '하나의 날'로 표기한 것입니다. 그런 점에서 첫째 날은 절대 인간의 시간인 하루가 될 수 없는 것입니다.

하나님의 시간은 성경 베드로후서 3장 8절에서 '하루가 천년 같고, 천년이 하루 같다'고 했기 때문에 인간이 헤아릴 수 없는 시간이라고 할 수 있습니다. 하나님의 시간으로 표현되고 있는 천년과 하루는 시간적 개념이 없는 영존하신 분의 '때'로 이해해야 한다는 것입니다. 그런 점에서 성경의 천지창조 시간이 6일이라는 해석은 과학적 해석이라 할 수 없는 것입니다. 현대과학에서 지구와 우주의 나이가 46

억 년, 138억 년이라는 계산이 나왔는데, 이 또한 인간이 밝혀낸 시간이지 하나님의 시간이라 보기는 힘듭니다.

모세가 기록한 안식일 시간과 창세기의 시간

창세기는 모세에 의해 기록된 것으로 알려져 있습니다. 모세는 천지창조를 기록하면서 '저녁이 되고 아침이 되니'라는 표현을 통하여 각 단계의 창조가 하루 동안 일어난 것처럼 기록하였습니다. 이것은 앞에서 이야기한 대로 당시 고대인의 시각에서 쓰인 것이라고 했습니다. 그러나 실제 이루어진 시간은 하나님의 시간적 개념으로 계산할 수 없습니다.

• **'저녁이 되고 아침이 되니'의 뜻**

그렇다면 천지창조가 이루어질 때 '저녁이 되고 아침이 되니'라는 말씀은 어떻게 이해할 수 있을까요? 문자주의자들은 이것을 바로 '하루'라는 증거로 내놓으려 합니다. 이러한 표현은 여섯째 날까지 이어집니다.

하지만 앞에서도 이야기했듯 천지창조는 하나님의 시간에서 이루어졌고 따라서 창세기 1장에는 하나님이 심어 놓으신 수많은 상징이 있습니다. 그런 뜻에서 '저녁이 되고 아침이 되니'라는 표현에도 상징이 숨어 있습니다.

　이것은 곧 하나님의 천지창조가 6단계로 이루어졌음을 뜻하고 한 단계에서 다음 단계로 넘어갈 때 쉬지 않고 계속된 것이 아니라 마치 영화의 페이드인과 페이드아웃처럼 새로운 시작과 끝이 있었음을 상징하는 문장이라고 할 수 있습니다. 영화에서 장면이 시작될 때 검은색이나 흰색에서 서서히 본 영상이 나타나게 하는 기법을 페이드인이라 하고, 장면이 끝날 때 검은색이나 흰색으로 서서히 바뀌는 것을 페이드아웃이라고 합니다. 이처럼 하나님의 천지창조에서 '저녁이 되고 아침이 되니'라는 뜻은 페이드아웃(저녁)과 페이드인(아침)을 거치며 6단계로 이루어졌던 창조 과정을 표현한 것으로 추정됩니다. 이것을 당시 고대 시대를 살았던 사람들의 눈높이에 맞춰 표현한 것이 '저녁이 되고 아침이 되니'였던 것입니다.

• **인간의 일주일 개념은 일곱째 날까지의 창조를 상징하는 것**

이와 같이 철저히 하나님의 시간에서 이루어진 6단계의 천지창조와 안식일 이야기는 이후 유대인들의 생활에 커다란 영향을 미치게 됩니다. 즉 유대인들도 하나님처럼 6일 동안은 일하고 7일째 쉬는 일주일의 개념을 만들어 낸 것입니다. 다음 출애굽기의 내용은 그것을 잘 나타내고 있습니다.

출애굽기 20장 8~11절

8 안식일을 기억하여 거룩히 지키라
9 엿새 동안은 힘써 네 모든 일을 행할 것이나
10 제 칠일은 너의 하나님 여호와의 안식일인즉 너나 네 아들이나 네 딸이나 네 남종이나 네 여종이나 네 육축이나 네 문안에 유하는 객이라도 아무 일도 하지 말라
11 이는 엿새 동안에 나 여호와가 하늘과 땅과 바다와 그 가운데 모든 것을 만들고 제 칠일에 쉬었음이라 그러므로 나 여호와가 안식일을 복되게 하여 그 날을 거룩하게 하였느니라

그런데 위 말씀의 11절에서 야훼 하나님이 엿새 동안 천지를 창조했다는 이야기가 나옵니다. 이를 두고 또 6일 창조를 주장하는 창조론자들이 있습니다. 하지만 이때의 6일은 창세기 1장처럼 하나님의 시간 개념으로 이해해야 합니다. 안식일을 주신 11절의 말씀을 다시 보겠습니다.

이는 엿새 동안에 나 여호와가 하늘과 땅과 바다와 그 가운데 모든 것을 만들고 제 칠일에 쉬었음이라 그러므로 나 여호와가 안식일을 복되게 하여 그 날을 거룩하게 하였느니라

"나 여호와가 안식일을 복되게 하여 그 날을 거룩하게 하였느니라"라는 말씀을 곱씹어 생각해 보면 모든 창조를 마치신 하나님이 계신 곳의 시간이라는 사실을 알 수 있습니다. "거룩하게 하였노라"는 즉 야훼 하나님이 모든 창조를 마치고 그 자리에 함께한 신들에게 하신 말씀으로 생각할 수 있는 것입니다. 즉 11절의 말씀은 인간의 시각에서 하신 말씀이 아니라 철저히 하나님의 시각에서 한 말씀이라는 것입니다. 이를 이해하기 위해 8~10절을 다시 보겠습니다.

8 안식일을 기억하여 거룩히 지키라
9 엿새 동안은 힘써 네 모든 일을 행할 것이나
10 제 칠일은 너의 하나님 여호와의 안식일인즉 너나 네 아들이나 네 딸이나 네 남종이나 네 여종이나 네 육축이나 네 문안에 유하는 객이라도 아무 일도 하지 말라

이 말씀은 분명 하나님이 인간에게 주신 것으로 이해할 수 있습니다. 10절에서 "네 하나님 여호와의 안식일"이라 하였기 때문입니다. 따라서 8절, 9절, 10절은 하나님이 인간에게 주신 시간으로 해석될 수 있습니다. 그런데 10절과 이어지는 11절 말씀을 10절 말씀과 구별하지 않으면 인간의 시간과 하나님의 시간을 같은 시간으로 보는

해석이 되므로 문제가 됩니다.

　창세기 1장에서 첫째 날에서 여섯째 날까지의 창조 시간은 매우 중요합니다. 창세기 1장의 창조 시간을 6일 동안 이루어진 인간의 시간으로 본다면 창조론을 기반으로 하는 기독교는 과학이 발달할수록 위기가 올 수밖에 없기 때문입니다. 마찬가지로 출애굽기 20장 11절 말씀 역시 창세기 1장에서 이어지는 하나님의 시간으로 해석하는 것이 타당해 보입니다.

창조론 VS 진화론의 문제

　창세기 1장에는 하나님이 천지를 창조한 이야기가 나옵니다. 특히 창세기 1장 27절에서는 하나님이 자기 형상대로 인간을 창조하셨다고 했습니다. 하나님은 이러한 천지창조와 인간의 창조를 하나님의 영성, 즉 사랑, 꿈, 생각, 믿음, 말씀의 원칙을 지니고 창조하셨습니다. 처음에 하나님은 인간을 만들 꿈이 있었고, 그 인간이 발을 딛고 살 수 있는 지구를 설계(생각)했을 것이며, 설계된 법칙대로 이루어진다는 믿음을 가지고 말씀으로 실제 창조를 이루어 내었습니다. 필자가 이렇게 생각할 수 있는 것도 하나님이 인간을 자신의 형상대로 만들었기에 추정할 수 있는 것입니다. 즉 인간은 하나님의 영성으로 지음받아 하나님의 영성을 닮은 부분이 있으므로 하나님 말씀을 들을 수 있으며 말도 할 수 있는 것입니다. 하나님같이 꿈꿀 수 있고 생각할 수 있으며 믿음에 따라 과학적으로 발명할 수도 있습니다. 그러므로 인간은 동물에 속하나 특별히 하나님의 영적 요소가 있기 때문에 이런 영성으로 말미암아 식물과 동물들을 다스리는 만물의 영장이 된 것입니다.

• 하나님의 창조 법칙과 육하원칙의 창조

　하나님은 천지창조 이전부터 천지창조를 계획할 때 철저히 과학 법칙에 의해 창조를 이룰 꿈을 가지고 있었습니다. 이것을 주기도문에서는 '하늘에서 이루어진 것과 같이'라고 되어 있습니다. 여기서 하늘은 4차원, 땅은 3차원으로 이해할 수 있습니다. 하나님은 4차원에서 이룬 것을 과학 법칙에 의해 3차원 공간에 만물을 창조하셨습니다. 이로써 '하늘에서 이루어진 것과 같이 땅에서도 이루어지이다' 하는 주기도문의 말씀이 이루어졌으며, 지금도 이루어지고 있는 것입니다.

하나님의 창조는 인간과의 사랑을 온전히 이루기 위한 창조였습니다. 이것은 철저한 과학 법칙에 의해 이루어졌습니다. 창조론이 아니라 창조 법칙에 의해 이루어진 것입니다. 하나님의 창조 법칙으로 우주와 지구를 만들고 인류가 행복하게 살아가도록 식물과 동물을 창조하여 선물하였습니다. 그리고 지하에 자원을 창조하여서 훗날 인간이 사용하도록 하였습니다. 하나님이 인간을 창조한 뜻은 이웃과 서로 사랑하며 교제하고 살면서 하나님께 순종하며 영광을 받으시기 위함입니다.

그런데 현재 교회와 과학계에선 창조론과 진화론이란 것에 집중하고 있어 안타깝습니다. 창조 법칙과 창조론의 차이는 확실한 것과 불확실한 것에서 찾을 수 있습니다. 법칙은 완전히 확실한 것을 말하지만 이론은 아직은 불완전한 수준에 있는 것을 뜻합니다. 혹 현재까지는 확실해 보일 수 있으나 언제 바뀔지 모르는 것을 말합니다. 그런 점에서 진화론 역시 법칙이 아님을 알아야 합니다. 완전한 하나님의 창조는 법칙이지 이론이 아닙니다. 그럼에도 불구하고 교회와 과학계는 창조론과 진화론이라는 이론에 벗어나지 못하는 안타까움이 있습니다.

• 교회의 창조론 VS 다윈의 진화론

교회에서 말하는 창조론은 근대에 등장한 진화론에 맞서기 위해 나온 것입니다. 진화론은 생명체가 점점 발달해 가면서 현재 지구상에 사는 다양한 생물의 종류가 만들어졌다는 것을 말하는 이론입니다. 진화론에 따르면 인간도 독립적으로 창조된 것이 아니라 원숭이에서 점점 진화하여 만들어졌다고 보입니다. 교회에서는 이러한 이론이 하나님의 권위를 무시한다고 생각했습니다. 진화론이 하나님의 창조를 무너뜨린다고 여긴 것입니다.

찰스 다윈이 진화론을 처음 들고 나왔을 때 교회는 진화론에 맞서 치열한 신학적, 과학적 논쟁을 일으켰습니다. 이때부터 등장한 것이 바로 창조론입니다. 창조론은 창세기의 기록을 문자 그대로 받아들여 하나님의 말씀으로 모든 생명체가 만들어졌다고 믿는 이론입니다.

창조론과 진화론의 치열한 논쟁 가운데 교회에서는 창조론을 가르치고 학교에서는 진화론을 가르치는 일이 일어나게 되었습니다. 창조론은 과학적 증명이 되지 않은 비과학이었지만 진화론은 과학적 증명이 이루어진 과학이었기 때문에 학교에서는 진화론을 가르칠 수밖에 없었습니다.

창조론과 진화론의 대결은 1925년에 미국 테네시주에서 크게 벌어졌습니다. 당시 교회가 진화론을 가르친 고등학교 교사 존 스코프스를 대상으로 재판을 건 것이었습니다. 이것을 스코프스 재판이라고 부르는데, 재판 결과 스코프스는 벌금 100달러의 유죄 판결을 받았습니다. 진화론과 창조론 간의 대결에서 창조론이 이긴 결과가 나온 것입니다. 하지만 이후에도 학교에서 진화론을 가르치는 일은 오늘날까지 계속되고 있습니다. 그 이유는 교회에서 주장하는 창조가 과학적 이론을 지니고 있으며 맞는 것이지만 6일간의 창조론에서 이해되지 않기 때문입니다. 학교에서는 신화 같은 과학을 가르칠 수는 없는 노릇이니까요.

• 창조과학회의 등장과 그들의 주장

학교에서 계속하여 진화론을 가르치자 교회에서도 이에 대항하기 위한 단체가 만들어집니다. 기독교 과학자들을 중심으로 창조과학회(Creation Science Association)라는 단체가 만들어진 것입니다. 창조과학회는 기독교 신앙을 바탕으로 성경을 과학으로 해석하는 단체입니다.

성경을 과학적으로 해석한다는 것은 좋은 시도입니다. 그러나 창조

과학회는 기존 교회의 입장을 중심으로 진화론에 맞서기 위해 등장한 단체이기에 한계가 있었습니다. 기존 교회처럼 성경의 창조 이야기를 성경에 나오는 문자 그대로 믿으면서 지구의 나이, 생물의 기원, 그리고 다양한 과학적 현상들을 설명하려 들다 보니 한계가 있었던 것입니다. 그래서 창조과학회의 주장은 기존의 정통과학과 부딪치며 과학계에서는 받아들여지지 않고 있는 상황입니다.

그렇다면 창조과학회는 성경에 대하여 어떤 과학적 주장을 하였을까요?

일단 창조과학회도 물질과 생물의 창조에 대해 하나님이 마치 흙으로 토기를 만드는 것처럼 만들었다는 기존 교회의 주장을 그대로 받아들입니다. 이것은 매우 작은 입자로부터 시작하여 물질이 만들어졌다는 과학계의 이론과는 큰 차이가 납니다. 그리고 창조의 시간도 창세기의 내용을 문자적으로 받아들여 교회의 6일 창조를 그대로 받아들입니다. 이는 우주가 138억 년 전부터 만들어졌다는 과학의 이론과 큰 차이가 납니다.

또 진화론의 주장에 대해 반박하기 위해 다양한 과학적 자료를 통하여 진화론이 틀렸음을 설명하고 있습니다. 예를 들면 원숭이와 인간의 중간 화석이 없다는 이유로 진화론이 틀렸음을 증명하고 있습니다. 성경에 나오는 노아의 대홍수 이야기도 역사적 사건으로 보고,

노아의 방주가 매우 과학적으로 만들어졌다는 사실을 증명합니다. 하지만 이러한 주장들은 기존 과학계와 마찰을 일으키면서 비판의 소지가 있는 상태입니다.

- **하나님의 창조 법칙이 정답이다**

필자에 생각에는 교회의 창조론도 과학의 진화론도 조금씩 문제가 있다고 보고 있습니다. 하나님의 천지창조는 하나님의 꿈과 생각에 의해 철저한 과학적 설계에 의해 계획되고 창조되었기 때문에 창조론이나 진화론이 아닌 과학 법칙에 의해 만들어졌다고 봐야 합니다. 이것은 가설이나 이론 수준이 아니라 완전한 과학 법칙에 의해 만들어진 것을 뜻합니다.

창세기의 기록은 마치 신화 이야기처럼 쓰였으나 그것은 앞에서도 이야기했듯 당시 고대인의 눈높이에 맞춰 기록했기 때문이라고 봐야 합니다. 고대인에게 원자나 양자역학 같은 이야기를 해 봐야 도저히 이해할 수 없기 때문입니다. 따라서 현재의 과학 시대를 사는 우리의 눈으로 성경 창세기를 읽을 때는 천지창조 이야기의 문장 사이사이에 숨어 있는 과학 법칙을 상상하면서 읽어 낼 수 있어야 합니다. 이런 시각으로 천지창조 이야기를 읽으면 성경이 얼마나 과학적으로 기록된 책인지 알 수 있게 됩니다.

그런 점에서 교회의 창조론은 너무 과학 법칙을 무시하고 성경의 기록을 문자 그대로 믿기 때문에 문제가 있습니다. 또 과학의 진화론은 생명의 탄생과 진화의 과정이 우연히 일어났다고 보는 점에서 문제가 있습니다. 세상에 우연히 일어나는 일은 없습니다. 어떤 원인이 있기 때문에 그 결과가 일어나는 것입니다. 이것이 바로 과학 법칙인 것입니다.

육하원칙에 따라 창조론을 정리하면 다음과 같습니다.

누가: 야훼 하나님이
언제: 태초에
어디서: 하늘나라에서, 즉 4차원 세상에서 3차원의 세상을
무엇을: 천지창조를, 즉 지구와 해와 달과 별 그리고 식물과 동물, 인간 등을
어떻게: 과학의 법칙을 가진 말씀으로 (창세기 1장 참고)
왜: 인간을 만들어서 동물과 식물을 다스리게 하고, 당신의 영광을 나타내고 받기 위해서 천지 만물을 창조하였습니다.

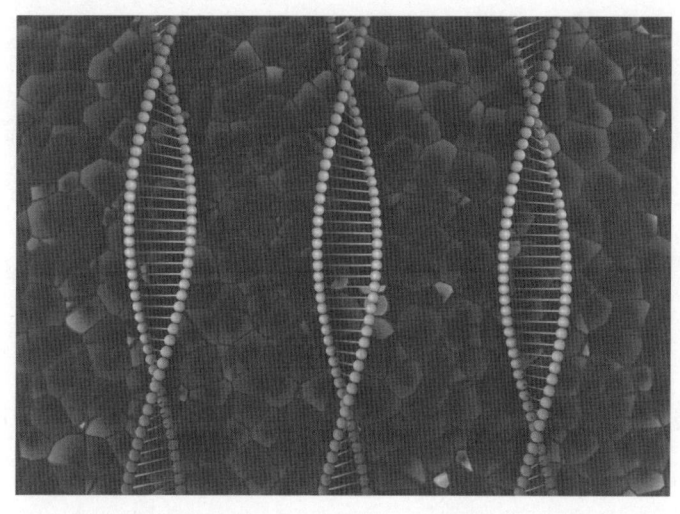

별의 창조 VS 인간의 창조

밤하늘에는 수많은 별들이 있습니다. 앞에서도 이야기했듯 하늘의 별은 셀 수도 없이 많습니다. 하나님은 왜 이렇게 많은 별을 창조하였을까요?

• 은하계가 태양계보다 먼저 만들어졌다!

창세기 기록에는 넷째 날에 별이 만들어졌다고 기록되어 있기에 성경을 문자 그대로 믿는 사람들은 지구가 만들어지고 그다음에 별이 만들어졌다고 생각할 수 있습니다. 하지만, 앞에서도 이야기했듯 첫째 날과 넷째 날로 이어지는 시간의 연결에 따라 은하계를 이루는 별이 먼저 만들어지고 그 다음에 지구가 만들어졌다고 보는 것이 타당합니다. 별을 이루고 있는 은하계가 지구를 포함하는 태양계보다 먼저 만들어져야 하는 이유는 앞에서도 이야기했듯 모든 것이 서로 연결되어 순환하는 우주의 창조시스템 때문입니다. 성경 속 천지창조는 태양계(지구, 해, 달, 별들)를 말하는 창조로 생각됩니다. 은하계의 창조시스템이 먼저 있어야 태양계의 지구 시스템이 돌아갈 수 있고 그 속에서 인간이 잘 살아갈 수 있는 터전이 만들어집니다. 그러한 터전을 만들기 위한 창조로 추정합니다.

• 하나님이 수많은 별을 만든 이유

하늘의 수많은 별을 보고 있노라면 아름답기도 하지만 신비롭게 느껴집니다. 그런데 그 수많은 별이 끝도 없는 우주 공간에 펼쳐져 있다는 사실을 알면 환상적이라는 말밖에 나오지 않습니다. 실제 과학자들이 밝혀낸 우주 전체 별의 개수는 약 1,000억 × 2조 개라고 앞에서 이야기했습니다. 하나님은 왜 이토록 많은 별을 만들었을까요? 여기에는 인간이 알지 못하는 하나님의 뜻이 있을 수 있다고 생각됩니다.

필자의 생각에 하나님의 영광을 나타내기 위해 이토록 많은 별을 만들었다고 보입니다. 이토록 많은 별의 존재는 하나님이 얼마나 전능한지를 그대로 나타내고 있기 때문입니다. 한편, 하나님은 한 우주 공간에 이 엄청난 별과 태양계와 지구를 인간을 위해 만들었습니다.

하나님은 왜 인간을 위해 이토록 수고를 하였을까요? 전지전능하신 하나님의 그 뜻을 알 수는 없습니다. 이 세상에서 바라봤을 때 하나님이 사랑하는 인간을 통하여 영광을 받기 위해서라고 여겨집니다. 이처럼 하나님은 영광을 나타내고 영광을 받기 위해 우주와 인간을 창조한 것이라 여겨지는 것입니다.

빛과 어둠의 관계 - 자전이 일어나는 이유

창세기 1장 5절에는 '빛을 낮이라 칭하시고 어두움을 밤이라 칭하시니라'라는 말씀이 나옵니다. 실제로 낮과 밤이 나타나는 이유는 지구가 자전하기 때문입니다. 지구의 자전은 지구가 스스로 하루에 한 바퀴 도는 것을 말하는데, 이때 지구가 태양빛을 받는 위치에 있으면 낮이 되고 반대편 어둠에 있으면 밤이 되는 것입니다.

• **빛과 어둠의 관계**

어떤 공간이 있을 때 그곳에 빛이 없다면 그 공간은 온통 어둠뿐일 것입니다. 여기에 빛이 나타나면 어둠은 사라지고 빛으로 가득한 공간이 될 것입니다.

빛에 대해서는 과학적으로 많은 연구가 이루어져 있습니다. 빛은 전자기파로서 초속 30만 킬로미터의 속도를 자랑합니다. 그리고 빛이 있는 곳은 열이 함께 있어 따뜻합니다. 태양 빛을 많이 받는 열대 지방은 무덥지만 태양 빛을 적게 받는 극지방은 춥고 얼음으로 뒤덮여 있는 것이 그 증거입니다.

하지만 어둠에 대한 연구는 많이 이루어지지 않은 상태로 보입니다. 우주공간은 온통 어둠으로 뒤덮여 있습니다. 어둠은 아무것도 없는 것처럼 생각되지만 진공상태인 우주공간의 어둠 속에도 최근 암흑에너지(암흑물질)가 있다는 사실이 밝혀졌습니다. 그런 점에서 어둠에도 빛처럼 에너지가 있다고 볼 수 있습니다.

이제 빛과 어둠이 에너지의 관계로 연결되어 있다고 볼 때 빛은 어둠을 타고 흐르는 성질을 갖고 있다고 볼 수 있습니다. 어둠은 차가운 성질로 따뜻한 빛이 차가운 어둠을 타고 흐를 때 에너지의 이동이 이루어질 것입니다. 필자는 이러한 빛과 어둠의 온도 차이를 통하여 태양계 행성의 회전 운동이 일어나는 원인을 추리해 낼 수 있다고 생각합니다.

태양계의 행성에서 태양 빛을 받는 밝은 부분은 온도가 높지만, 반대편 어두운 부분은 온도가 낮습니다. 열역학 제2법칙에 의하면 열은 항상 높은 온도에서 낮은 온도로 이동하는 성질이 있습니다. 이것을 열에너지의 이동이라고 합니다. 이와 같은 원리에 의해 행성의 밝은 부분의 열이 어두운 부분의 어둠으로 이동하는 현상이 발생할 것으로 추측할 수 있습니다. 밝은 부분의 빛은 높은 온도 상태이고 어두운 부분의 어둠은 낮은 온도의 상태이기 때문입니다. 이와 같은 원리로 행성 내에서 열에너지의 이동이 일어나면서 이때 발생하는 힘에 의해 행성에 회전력이 발생할 수 있을 것입니다. 그리고 진공상태에 놓인 행성은 무한히 회전할 것입니다. 태양계의 모든 행성은 자전을 하고 있는데, 아마도 이와 같은 원리에 의해 자전이 일어나지 않을까, 추측하고 있습니다—특별히 지구의 자전은 앞에서도 이야기한 달의 인력과 바다의 작용이 더해져서 일어나는 것으로 생각하고 있습니다.

• 인간 세계의 빛과 어둠 – 악이 있는 이유

물질세계에 빛과 어둠이 있듯 인간 세계에도 빛과 어둠이 있습니다. 성경에서는 이것을 선과 악이라 표현하기도 합니다. 실제 세상에는 선한 사람도 있지만 악한 사람도 있습니다.

물질세계는 빛과 어둠이 거의 반반 존재할 때 회전력이 생겨 질서 있게 돌아가는 것처럼 보입니다. 그렇다면 인간 세상에는 선과 악의 비율이 어느 정도 되어야 평화롭게 돌아갈 수 있을까요? 만약 선이 너무 많고 악이 거의 없다면 세상은 발전하기 힘들 것입니다. 반대로 악이 너무 많고 선이 거의 없으면 무법천지가 될 것입니다. 그렇기 때문에 세상은 선과 악의 비율을 적절하게 유지하면서 나름의 질서를 유지하며 돌아가고 있는 것입니다. 이것이 하나님이 세상을 운영하는 법칙이다, 라고 생각합니다.

필자는 성경에 나오는 노아 홍수 이야기를 살펴보면서 선과 악의 비율이 8대 2가 될 때 이 세상이 평화롭게 돌아갈 것이라는 사실을 알 수 있었습니다. 창세기 7장에 나오는 노아 홍수 이야기에서 하나님은 세상의 죄를 쓸어버리겠다고 하면서 노아에게 방주를 만들게 했습니다. 방주란 네모진 배를 말합니다. 이 방주 안에 들어간 사람과 동물은 살 수 있게 되는데, 이때 방주 안에 들어간 동물은 정결한 동물 7쌍과 부정한 동물 2쌍이었습니다. 여기에 노아 부부와 세 아들 부부까지 인간 부분을 합하면 8대 2라는 비율이 나옵니다.

 노아 홍수는 인간이 잘못한 세상을 바로잡기 위하여 홍수로 멸망시키고 다시 새로운 세상을 만들기 위한 사건입니다. 그런데 왜 부정한 동물을 방주에 넣고 정한 동물과 함께 있도록 하였을까요? 우리의 생각에는 정한 동물만 넣어야 할 것 같은데 말입니다. 그것은 인간으로 하여금 옳고 그름을 분별하기 위하여 부정한 동물을 넣은 것으로 생각됩니다. 옳은 것만 있으면 그게 옳은지 그른지 알지 못합니다. 그러나 그른 것이 함께 있으면 비로소 옳고 그른 것을 구분할 수 있습니다. 어둠이 있기에 빛을 알 수 있는 것과 같은 이치입니다.

 이 때문에 방주 안에 있는 선과 악의 수에 대한 비율이 중요합니다. 성경에 기록한 선과 악의 비율이기 때문에 세상 속에 적용할 수 있는 표준 비율이 되기 때문입니다. 세상에서 선과 악은 어디에나 있습니다. 학교나 교회나 직장이나 사람들이 모여 사는 곳은 어느 곳이든지 있습니다. 동물 세계에서도 선과 악이 존재합니다. 이러한 이유는 인간이 세상을 살아가면서 선과 악을 분별하여 알게 하는 데 뜻이 있다고 생각합니다. 그 표준 비율을 하나님은 옳은 것 8%, 그른 것 2%로

정했다고 생각합니다. 예를 들어 우리가 단 음식만 계속 먹고 있으면 이 맛이 단 것인지 모릅니다. 그러나 쓴맛을 본 후 단 음식을 먹으면 이 맛이 바로 단맛이구나 알 수 있습니다. 이것이 하나님이 부정한 동물 2쌍을 방주에 넣게 한 이유라고 생각합니다. 모두 좋은 것만 있으면 안 되기 때문입니다. 하나님은 인간의 본성을 잘 알기 때문에 나쁜 것으로 인하여 좋은 것을 알게 하고자 이렇게 한 것입니다. 세상은 좋은 것만 있으면 안 되고 나쁜 것도 있어야 하므로 하나님은 8대 2의 비율을 정하신 것입니다.

예수님은 원수를 사랑하라 하셨습니다. 마태복음 5장 43~44절을 보겠습니다.

43 또 네 이웃을 사랑하고 네 원수를 미워하라 하였다는 것을 너희가 들었으나
44 나는 너희에게 이르노니 너희 원수를 사랑하며 너희를 핍박하는 자를 위하여 기도하라

여기에서 우리는 원수를 악인 20%에 해당하는 것으로 생각할 수 있습니다. 즉 우리에게 원수를 주신 것도 우리로 하여금 잘못을 깨닫게 해 주기 위한 것이라 생각할 수 있는 것입니다. 그래서 원수를 사랑하라는 깊은 뜻이 있는 것입니다.

원수를 사랑하라는 예수님의 말씀과 방주에 들어간 8:2라는 비율은 어떻게 연결될 수 있을까요?

하나님은 세상의 운영방식으로 선으로만 이루어지지 않게 하고 악도 함께 있게 함으로써 서로 경쟁하는 사회를 만들었습니다. 즉 2라는 부정한 수를 통하여 8이라는 정한 수를 알게 하기 위함입니다. 이러한 경쟁을 통하여 비로소 인간은 진리를 알 수 있는 것입니다. 그런 점에서 8대 2의 비율은 진리를 알아내고 결정하는 수가 될 수 있습니다.

만약 악에 해당하는 20%가 증가한다면 어떻게 될까요? 아마도 사회 질서가 깨지기 시작할 것입니다. 만약 단체에서 이런 일이 일어난다면 단체의 규칙을 무너뜨리는 부정 세력이 증가할 것입니다. 예를 들어서 교회에 부정한 성도가 20%를 넘어서 50%에 이른다면 교회는 평화가 깨지고 각종 소란이 일어나 불안정한 곳이 될 것입니다. 목사님은 목회하기 어려울 것입니다. 정치도 마찬가지입니다. 부정 정치인의 비율이 20%를 넘어서면 정치도 혼란해지기 시작할 것이며 많아지면 50%에 이른다면 그야말로 혼탁한 정치가 될 것입니다. 만약 정권을 잡고 있는 여당에서 이런 일이 일어난다면 정치가 혼란해져서 정권이 바뀔 수도 있을 것입니다.

세상은 20~30%의 사람들이 이끌어 가고 있다는 말이 있습니다.

이것은 20%의 힘이 결코 약하지 않다는 사실을 나타냅니다. 20%는 얼마 되지 않는 수치라고 생각할 수 있으나 반대로 매우 강한 힘을 발휘할 수 있는 수이기도 합니다.

한 국가에서 부정한 사람이 80%에 이른다면 그 국가의 사회는 악한 세상이 되고 법치가 무너지며 나라는 혼란에 빠질 것입니다. 늘 싸움이 그치지 않고 결국 전쟁이 나서 국민은 불행해질 것입니다. 따라서 국가는 부정한 사람이 늘어나지 않는 정책을 쓰는 것이 무엇보다 중요합니다.

한 인간의 마음에도 선한 마음만 있는 것이 아닙니다. 누구에게나 20%의 부정한 마음이 있을 것입니다. 우리는 이 20%의 부정한 마음을 잘 다스려야 합니다. 그럴 때 우리는 진리를 알게 되고 깨닫게 되는 것입니다. 이로써 우리는 하나님이 방주에 두 쌍의 부정한 동물을 넣게 한 것이 인간으로 하여금 진리의 길을 알게 하려는 뜻이 담겨 있다는 사실을 알 수 있습니다.

4막

양자역학과 성경 기록과의 관계

천국을 겨자씨와 누룩으로 비유한 말씀은 현대과학의 원자와 연결된다

예수님은 마가복음의 말씀에서 천국을 겨자씨에 비유하였습니다.

마가복음 4장 30~32절
또 가라사대 우리가 하나님의 나라를 어떻게 비하며 또 무슨 비유로 나타낼꼬 겨자씨 한 알과 같으니 땅에 심길 때에는 땅위의 모든 씨보다 작은 것이로되 심긴 후에는 자라서 모든 나물보다 커지며 큰 가지를 내니 공중의 새들이 그 그늘에 깃들일 만큼 되느니라

겨자씨는 당시 이스라엘 지방에서 가장 작은 씨앗입니다. 그런데 가장 작은 겨자씨 하나가 자라서 나중에는 어떤 식물보다 큰 나무가 되어 공중의 새들에게 안식처가 된다고 했습니다.

• 겨자씨는 원자를 상징한다

천국을 겨자씨에 비유한 것은 우연히 나온 말씀이 아니라고 생각됩니다. 예수님이 하시는 비유는 모두가 어떤 상징적인 뜻을 담고 있는데, 겨자씨는 4차원 물질세계의 원자를 상징한다고 생각합니다.

원자는 현재까지 과학적으로 밝혀진 가장 작은 입자입니다.—물론 원자 내에 더 작은 입자가 발견되었지만 원자는 일정—물질을 분해하고, 분해했을 때 최종 입자는 원자가 되는 것입니다. 미국의 이론 물리학자이자 노벨상 수상자이기도 한 리처드 파인만은 지금까지 발견된 과학의 이론 중에 원자의 발견만큼 대단한 것은 없다고 했습니다.

당시 가장 작았던 겨자씨는 싹을 트고 자라서 나중에 공중의 새들이 쉬는 안식처가 되는 큰 나무가 되었습니다. 원자도 마찬가지입니다. 원자가 모여서 분자가 되고 분자들은 화학결합의 결과로 각종 물질을 만든다는 것이 과학에서 밝혀졌습니다.

하나님은 천지를 창조하는 과정에서 처음부터 하늘과 땅을 마치 도깨비 방망이처럼 뚝딱 하고 만들지 않으셨습니다. 겨자씨 한 알로 시작한 것처럼 원자라는 가장 작은 입자로 천지창조를 시작하셨던 것입니다. 가장 작은 입자로 시작하여 커다란 물질을 만들어 낸 것입니다. 그런 점에서 2,000년 전 원자의 존재도 알지 못하던 시절에 오신 예수님이 겨자씨 비유를 들었다는 것은 놀라운 사실이라고 생각합니다. 당시 예수님은 원자로 이루어진 물질을 염두에 두고 이 말씀을 하셨다고 생각되기 때문입니다. 이것만으로 예수님은 인간의 차원을 넘어선 육신으로 오신 하나님이라 증거될 수 있을 것입니다.

• 원자가 만들어 낸 하늘과 땅

4차원 하늘에서 시작된 천지창조는 최초의 입자인 수소 원자를 만들어 내었습니다. 수소 원자는 앞에서도 이야기했듯 원자핵 1개와 전자 1개로 이루어진 원자였습니다. 이 수소원자로부터 원자끼리 서로 융합하는 반응이 일어나면서 헬륨 원자가 만들어지고 리튬 원자, 탄소 원자, 질소 원자, 산소 원자… 등이 이어져 만들어졌습니다. 이렇게 하여 우주에 필요한 여러 종류의 원자들이 만들어졌습니다.

이제 원자와 다른 원자끼리 화학적으로 결합하는 반응이 일어납니다. 예를 들어 수소 원자 1개와 수소 원자 1개가 결합하면 수소 분자가 만들어집니다. 수소 전기차를 가게 만드는 수소 기체는 수소 분자로 이루어져 있습니다. 또 산소 원자 1개와 산소 원자 1개가 결합하면 산소 분자가 만들어집니다. 우리가 숨 쉬는 데 필요한 산소 기체는 산소 분자로 이루어져 있습니다.

또 수소 원자 2개와 산소 원자 1개가 결합하면 우리가 마시는 물(물 분자)이 만들어집니다. 또 탄소 원자 1개와 산소 원자 2개가 결합하면 우리가 숨을 내쉴 때 나오는 이산화탄소가 만들어집니다.

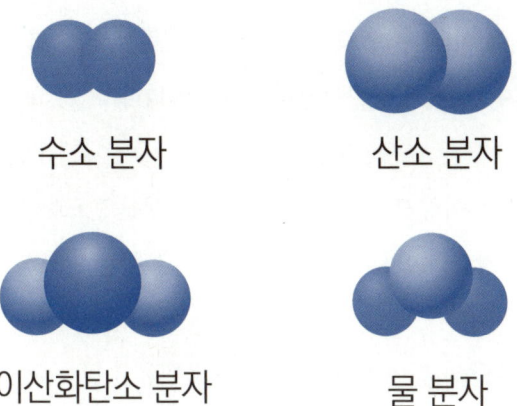

 이 세상을 이루고 있는 물질들은 모두 원자끼리의 결합으로 만들어져 있습니다. 앞에서도 이야기했듯 지구에서 가장 많이 차지하고 있는 물이 수소 원자와 산소 원자의 결합으로 만들어졌습니다. 그리고 하늘에 꽉 차 있는 공기도 역시 원자의 결합으로 만들어진 산소 기체와 질소 기체로 이루어져 있습니다. 땅을 이루고 있는 흙도 산소와 규소 원자의 결합으로 이루어져 있습니다.

 지구에서 생명을 이루며 살아가는 생명체 역시 마찬가지로 원자가 서로 결합하여 만들어진 것입니다. 특별히 생명체는 탄소 원자가 중심이 되어 만들어집니다. 탄소 원자에 수소 원자와 산소 원자가 결합되어 생명체를 이루는 몸을 만든 것입니다. 이것을 유기물이라고 하는데, 생명체를 이루는 기본 물질로 사용됩니다.

한편 지구에는 무수한 지하자원들이 있는데 금속 물질이 대부분을 차지합니다. 철이나 구리, 금, 은 등과 같은 물질 역시 철 원자, 구리 원자, 금 원자, 은 원자 등으로부터 만들어집니다.

하나님께서는 이렇게 겨자씨 한 알로 큰 나무를 만드는 것처럼 가장 작은 입자인 원자를 이용하여 이 세상과 온 우주를 만드신 것입니다.

성경에는 다음과 같이 또 천국을 누룩에 비유한 말씀도 나옵니다.

누가복음 13장 21절
마치 여자가 가루 서 말 속에 갖다 넣어 전부 부풀게 한 누룩과 같으니라 하셨더라

이 말씀에서 '서 말'이란 단어는 모든 생물들은 질량과 부피가 정해져 있다는 것을 상징한다고 볼 수 있습니다. 이것은 겨자씨가 자라는데도 크기와 질량이 정해져 있음을 뜻합니다. 겨자씨뿐만 아니라 세상의 모든 생물은 한없이 자라지 않으며 모두들 정해진 크기에서 고만고만하게 자라게 됩니다.

서 말에서 '말'은 조상들이 곡식의 양을 잴 때 사용하는 단위입니다. 한 되가 10이 되면 한 말이 되는 것입니다. 그러나 한 말이라고 해서 곡식의 알갱이 크기가 일정한 것은 아닙니다. 잴 때마다 비슷비

숱한 알갱이지만 그 수는 달라집니다. 각각의 알갱이 크기가 다르기 때문입니다. 이러하듯 서 말은 생명체의 종류대로 정해진 크기대로 자라는 것을 뜻합니다. 사람도 고만고만한 크기로 성장하고 멈추듯이 말입니다. 식물도 그렇고 동물도 각기 종류마다 정해진 크기와 질량을 가지고 자란다는 뜻으로 생각됩니다. 주어진 질량 안에서 서로 누룩의 포자가 증식되듯이 한 개체 안에서 연결되어 있다는 뜻인 것입니다.

과학의 눈으로 죽은 자를 살리고
병을 치료하는 예수님을 보는 시각?

성경에는 예수님이 병자를 치료하는 장면이 많이 나옵니다. 이때 말씀 한 마디로 병자를 치료하는 장면은 오늘날 과학의 눈으로 볼 때 믿기가 힘들 수 있습니다. 하지만 예수님이 누구인지에 대해 잘 이해하고 병이 치료되는 과학적 원리를 안다면 이 역시 과학적 논리로 받아들이는 것이 가능할 수 있습니다.

• 예수님은 누구인가

예수님은 스스로를 하늘에서 온 하나님의 아들이라고 했습니다. 이것은 과학적 증명이 되지 않은 주장이므로 받아들이기 어려울 수 있습니다. 하지만 예수님이 세상에 와서 하나님에 대하여 한 말씀들은 이전의 그 어떤 성인도 하지 않은 놀라운 내용을 담고 있습니다. 하나님을 아버지로 부름으로써 하나님과 인간의 관계가 마치 부모와 자식의 관계라는 사실을 최초로 알려 준 사람이 바로 예수님이었습니다. 그리고 인간이 가야 할 길과 진리와 영생에 대하여 가르치면서 죄의 속박 속에 살아가는 인간이 자유롭게 될 길을 열어 주었습니다. 무엇보다 하나님의 아들만 알 수 있는 천국의 비밀을 알려 주었습니다. 이것만으로도 예수님이 하나님의 아들이라는 사실은 증명되고도

남습니다.

• **예수님은 어떻게 질병을 고칠 수 있을까**

이런 예수님은 하나님의 뜻을 모두 알고 있었고 하나님의 능력도 가지고 있었다고 볼 수 있습니다. 하나님의 아들로 이 세상에 온 인간이기 때문입니다. 성경 요한복음에는 예수님이 하늘에 있을 때 인간을 만드는 데에도 관여하였다는 이야기가 나옵니다. 이 때문에 예수님은 인간의 신체 구조와 생리를 잘 알고 있었을 것입니다. 따라서 인간의 질병을 낫게 하는 능력은 당연히 가지고 있었다고 볼 수 있습니다.

인간에게 생기는 질병은 하나님의 계획 아래 만들어졌기에 오직 하나님만이 고칠 수 있습니다. 하나님은 직접 인간을 창조하신 분이기에 오늘날 의사를 통하여 의학을 발달하게 하고 치료제도 개발할 수 있는 능력을 주신 것입니다.

예수님은 바로 이런 하나님의 능력을 이어받은 하나님의 아들입니다. 따라서 예수님도 얼마든지 질병을 고칠 수 있는 것입니다. 그런데 예수님이 병을 고치는 장면을 보면 '죄가 사함받았다'라는 말과 함께 치료하는 모습을 볼 수 있습니다. 말씀으로 치료하는 장면인데, 우리는 이를 통하여 예수님의 말씀으로 병이 낫는 원리를 과학적 논리적으로 접근할 수 있습니다.

• 예수님이 질병을 치료하는 과학적 원리

오늘날 과학과 의학에 의해 질병이 생기는 원인이 유전자에 있음이 밝혀졌습니다. 즉 유전자에 변이가 생김으로써 질병이 생기는 것입니다. 유전자가 변이되는 이유는 음식과 생활습관, 유전 등 여러 가지 원인이 있지만 그중 가장 큰 원인은 역시 마음의 죄입니다. 즉 부정적 마음이 일으키는 온갖 미움, 증오, 두려움, 염려, 시기, 질투, 불평, 불만, 욕심, 고집 등의 죄가 유전자 변이를 일으키는 것으로 밝혀진 것입니다.

유전자 치료에서는 어떤 외과적인 수술보다 부정적 마음을 긍정적 마음으로 고쳐먹을 때 유전자가 정상으로 되돌아오는 것이 발견되었습니다. 이것은 우리가 세상적 죄에서 돌이켜 하나님께로 나아오는 회개와 비슷한 원리입니다. 인간은 회개할 때 죄로부터 돌이켜 하나님께로 나아갈 수 있게 됩니다.

이상의 원리를 예수님의 치료에 적용하면 이제 예수님의 치료를 과학적으로 설명해 낼 수 있습니다. 인간은 죄로 인하여 질병에 걸리게 됩니다. 이때 예수님을 만나면 비로소 마음의 죄를 돌이키는 경험을 하게 됩니다. 이를 예수님은 '네 죄가 사함받았다'라는 말씀으로 표현하셨던 것입니다. 이때 부정적 마음이 긍정적 마음으로 변화되면서 변이되었던 유전자가 정상으로 되돌아오게 됩니다. 정상으로 되돌아온 유전자는 급격히 인체의 질병을 정상으로 되돌리므로 질병이 고쳐지는 기적을 경험하게 되는 것입니다. 어떤 경우 앉은뱅이가 벌떡 일어나는 경우도 보게 되는데, 정상으로 되돌아온 유전자가 작동하는 시간은 그만큼 짧을 수도 있음을 보여 주는 것입니다.

오병이어, 포도주 사건도
현대과학의 컴퓨터 및 메타버스와 연결된다

성경에는 예수님이 질병을 고치는 것 외에도 빵 5개와 물고기 2마리로 오천 명을 먹이는 장면이 나옵니다. 이를 오병이어 사건이라고 합니다. 또 예수님이 가나의 혼인 잔치에 가서 물을 포도주로 바꾸는 장면이 나옵니다. 이것은 현대과학의 눈으로 볼 때 믿을 수 없는 장면입니다. 어떤 사람들은 이 때문에 성경을 믿지 못하겠다고 합니다.

• 오병이어가 가능해진 컴퓨터의 세계

빵 5개와 물고기 2마리로 5천 명이 배불리 먹고도 음식이 남았다는 이야기와 물로 포도주를 만드는 이야기, 그 외에도 예수님 말 한마디로 파도가 잠잠해지는 장면, 예수님이 물 위를 걷는 장면 등은 현대과학의 눈으로 볼 때는 불가능한 이야기임에 분명합니다.

그런데 과학이 점점 더 발전하면서 이처럼 불가능했던 것들이 하나둘 가능해지는 이상한 일이 일어나고 있습니다. 예를 들어 컴퓨터가 발명되면서 복사 기능이 등장하였습니다. 즉 컨트롤 C(복사)와 컨트롤 V(붙여넣기) 기능을 이용하면 얼마든지 같은 것을 무한으로 만들어 낼 수 있습니다. 비록 컴퓨터상의 세계이긴 하지만 컴퓨터 세계에서는 빵 5개와 물고기 2마리로 5천 명만 먹이는 것이 아니라 5만 명도 먹일 수 있는 음식을 복제해 낼 수 있습니다.

또 컴퓨터 게임이나 시뮬레이션을 이용하면 물로 포도주를 만드는 것, 물 위를 걷는 것, 바람을 잠잠하게 만드는 것도 얼마든지 가능합니다.

• **모든 것이 가능한 시대가 오고 있다**

물론 이런 것은 컴퓨터 세계에서만 가능한 것이므로 한계가 있다고 할 수 있습니다. 하지만 최근 메타버스 기술의 등장으로 어쩌면 컴퓨터 세계에서의 일이 현실에서도 가능한 시대가 열릴지도 모를 일이 일어나고 있습니다.

메타버스란 가상과 현실이 융합한 이상적인 세계를 뜻하는 말입니다. 이는 현실 세계가 그대로 반영된 가상 컴퓨터 세계를 뜻하기도 하고 가상 컴퓨터 세계가 현실로 튀어나온 세계를 뜻하기도 합니다. 현실 세계가 그대로 반영된 가상 컴퓨터 세계의 기술은 이미 이루어지고 있습니다. 우리나라 대표적인 메타버스 플랫폼인 '제페토'에는 현실의 기업, 놀이공원 등이 가상 세계에 들어가 있습니다. 제페토는 각종 백화점과 현대자동차 등이 들어가 있는데 이때 현대자동차의 매장 모습은 현실의 매장 모습과 거의 같습니다. 또 제페토에는 서울대공원도 들어가 있는데 현실의 서울대공원 모습과 거의 같습니다.

현실 세계가 가상 세계에 들어가 있기 때문입니다. 이러한 현실과 같은 가상 세계에서 이제 나를 닮은 아바타가 놀러 다닙니다. 다른 아바타 친구를 만나 함께 카페에도 가고 놀이공원에도 놀러 가는 것입니다. 이때 입장료도 내야 하고 물건을 살 때 돈도 내야 합니다. 물론 이때의 돈은 가상화폐를 사용합니다. 또 나의 아바타는 내가 옷도 사 입히고 꾸며서 최대한 멋지게 만드는데 이때 옷을 팔거나 액세서리를 팔아 진짜 돈을 버는 사람도 있습니다.

이처럼 현실 세계가 가상 세계에 들어간 메타버스 기술은 활발히 이루어지고 있습니다. 남은 숙제는 가상 세계가 현실로 튀어나오는 메타버스 기술입니다. 이 역시 증강현실 등의 영상 기술을 이용하여 기술개발이 이루어지고 있는 상태입니다. 만약 가상 세계가 현실로 튀어나오는 메타버스 기술이 이루어진다면 앞에서 이야기했던 오병이어 사건이나 물로 포도주를 만드는 것, 물 위를 걷는 것, 바람을 잠잠하게 만드는 것 등도 현실에서 볼 수 있는 세상이 올지도 모릅니다.

그런 점에서 성경이 오병이어 사건이나 물로 포도주를 만드는 것, 물 위를 걷는 것, 바람을 잠잠하게 만드는 것 등의 사건을 넣은 것은 어쩌면 미래의 과학기술을 염두에 두고 장치한 것일지도 모릅니다.

예수님은 만물을 창조하신 주인입니다. 예수님은 능력자이십니다. 자연은 그의 말씀에 순종하고 영광을 드리고 있다는 사실을 자연의 현상으로 인하여 알 수 있습니다.

'뜻이 하늘에서와 같이 땅에서도 이루어지이다'와 첨단과학 시대의 연결

사람은 살아가다가 감당하기 어려운 일을 당하면 누구나 기도라는 것을 합니다. 이것은 하나님을 믿는 사람이든 믿지 않는 사람이든 구분이 없습니다. 기독교인 중에는 하나님을 믿지 않다가 죽을 고비에서 기도했는데, 살려 주어서 하나님을 믿게 된 사람도 많습니다. 그런 점에서 기도는 기독교인이 아니라 하더라도 모든 사람의 관심 대상이라고 할 수 있습니다.

• **최고의 기도문, 주기도문**

성경에는 여러 기도문이 나오는데, 그중에서 가장 중요한 기도문은 주기도문이라고 할 수 있습니다. 주기도문이 가장 중요한 기도문이 될 수밖에 없는 것은 바로 예수님이 가르쳐 준 기도문이기 때문입니다.

마태복음 6장 9~13절

그러므로 너희는 이렇게 기도하라 하늘에 계신 우리 아버지여 이름이 거룩히 여김을 받으시오며 나라이 임하옵시며 뜻이 하늘에서 이룬 것 같이 땅에서도 이루어지이다 오늘날 우리에게 일용할 양식을 주옵시고 우리가 우리에게 죄 지은 자를 사하여 준것 같이 우리 죄를 사하여 주옵시고 우리를 시험에 들게 하지

마옵시고 다만 악에서 구하옵소서(나라와 권세와 영광이 아버지께 영원히 있사옵나이다 아멘)

이러한 주기도문에 보면 놀라운 내용이 나옵니다. 바로 '뜻이 하늘에서 이루어진 것과 같이 땅에서도 이루어지이다'라는 내용입니다. 이것은 여러 가지로 해석될 수 있으나 과학의 눈으로 보면 더욱 놀라운 내용으로 해석됩니다.

앞에서도 이야기했듯 하나님은 인간을 위하여 천지를 창조할 꿈을 꾸었다고 했습니다. 하나님은 천지를 창조할 꿈을 이루기 위한 계획으로 과학의 법칙을 생각해 내었습니다. 하나님은 이러한 생각을 이 땅이 아니라 먼저 하늘에서 계획해 낸 것입니다. 즉 하나님의 과학 법칙에 의한 천지창조 계획은 오직 하늘에서 이루어진 것이었습니다.

그리고 하나님께서는 하늘에서 이루어진 계획에 따라 이 땅에서 천지창조를 하나하나 이루어 가셨습니다. 예수님의 주기도문에 나오는 '뜻이 하늘에서 이루어진 것과 같이 땅에서도 이루어지이다'는 기도를 하나하나 이루어 가셨던 것입니다. 창세기 1장에서 이루어진 천지창조는 1차적으로 이루어진 천지창조라고 할 수 있습니다.

그 후 에덴동산의 사건에서 알 수 있듯이 인간은 하나님을 배반하고 떠났습니다. 그리고 온갖 죄악 속에 살게 되었습니다. 그러나 하나님은 새로운 세상을 계획하시고 예수님을 이 땅에 보내시어 죄 문제를 해결하고자 하셨습니다. 이에 따라 예수님은 인간의 원죄를 해결하시고 인간에게 하나님의 뜻을 알려주신 후 다시 하늘나라로 올라가셨습니다. 하나님은 그 후 성령님을 이 땅에 보내시어 인간이 하나님과 함께 살 수 있도록 해 주셨습니다.

오늘날 성령님은 계속하여 인간에게 과학적 지식을 불어넣어 주고 있습니다. 이로 인해 오늘날 세상은 첨단과학의 혜택으로 역사상 그 어느 때보다 편리하고 수준 높은 생활을 하고 있습니다. 성령님은 과학을 통하여 새로운 세상, 즉 천국의 수준과 같은 세상 만들고자 이러한 일을 일어나게 하고 있다고 생각합니다.

• 첨단과학이 만들어 내는 천국 세상

인간의 눈으로 천지창조는 끝난 것처럼 보이지만 사실 하나님의 천지창조는 지금도 이루어지고 있습니다. 그런 점에서 지금은 계속하여 제2차 하나님이 꿈꾸는 세상이 이루어지고 있다고 볼 수 있습니다. 예수님이 주기도문을 내놓은 지 2천 여 년이 지난 오늘의 세상을 보노라면 양자역학과 인공지능의 역량으로 하나님께서 계획한 과학 법칙에 의해 이 땅에 천국이 이루어지고 있는 것처럼 보입니다.

오늘날 과학 세상이 만드는 인간의 생활은 역사상 그 어느 때보다 편리하고 효율적입니다. 먹고 자고 쉬는 기본적 생활은 어느 때보다 풍요로운 세상에 살고 있습니다. 교통수단이 발전하여 가고 싶은 곳은 어디든 갈 수 있고, 영상 기술이 발전하여 보고 싶은 것은 어느 것이든 볼 수 있습니다. 이처럼 행복한 세상이 있을 수 없습니다.

이처럼 첨단과학 세상이 만들어 내는 모습은 실제 성경에서 말하는 천국과 매우 닮아 있습니다. 첨단과학 기술의 발전이 이대로 간다면 머지않아 천국 세상이 이루어질 것이라 확신합니다. 남은 과제는 물질적 천국을 넘어 정신적으로도 발전을 이루어 모두가 서로 사랑하는 천국 세상을 완성해 내는 일일 것입니다.

그런 점에서 예수님이 2천 년 전에 가르쳐 주신 주기도문 '뜻이 하늘에서 이루어진 것과 같이 땅에서도 이루어지이다'는 예수님께서 지금의 첨단과학 세상이 만들어 낼 천국을 미리 예견하고 가르쳐 주신 기도문이라는 사실을 알 수 있습니다. 우리는 이러한 예수님의 모습을 통하여 하나님의 아들임이 증거된다고 볼 수 있습니다.

인간과 로봇의 관계가 상징하는 것

현대과학이 만들어 낸 기술 중 로봇은 첨단과학을 상징하는 대표적인 발명품이라 할 수 있습니다. 처음에 로봇은 인간이 하는 일을 대신 시키기 위해 만들어졌는데, 최근에는 인공지능 기술까지 발전하여 이제는 마치 인간 같은 로봇이 만들어지기에 이르고 있습니다.

• **인간은 왜 로봇을 만들었을까?**

처음에 인간은 단지 좀 더 편리하고 효율적인 일을 하고자 로봇을 만들었습니다. 하지만 첨단 과학기술이 점점 더 발전하면서 로봇은 계속하여 인간을 더욱 닮은 모습으로 변해 가고 있습니다. 최근에는 인공지능 기술까지 발전하면서 인간처럼 생각하고 행동하는 로봇까지 만들어지고 있는 상황입니다.

인간은 왜 점점 자신을 닮은 로봇을 만드는 것일까요? 몇몇 SF영화에서는 이렇게 만든 로봇이 인간을 배신하여 나중에 인간을 정복하는 내용이 나오기도 합니다. 실제 로봇은 인간보다 더 뛰어난 지능과 능력을 가질 수 있기 때문에 미래에 인간을 지배할 수 있다는 의견을 내는 과학자도 있습니다. 이처럼 위험할 수도 있는데 왜 인간은 계속하여 자신을 닮은 로봇을 만들려고 하는 것일까요?

이 모습은 마치 하나님이 자신을 닮은(자기의 형상대로) 인간을 만드는 모습과 비슷합니다. 당시 하나님 역시 인간이 나중에 자신을 배신할 것이라는 예상을 했으면서도 인간을 만들었습니다. 마찬가지로 인간 역시 나중에 로봇이 자신을 배신할 것을 예상하면서도 계속하여 로봇을 만들고 있습니다. 인공지능 로봇을 만드는 것은 거의 인간에 가까운 로봇을 만드는 것이므로 이것이 하나님 뜻에 맞는지를 아는 것이 우선일 것입니다. 이러한 때에 구약시대의 바벨탑 사건을 다시 한번 교훈 삼아야 한다는 생각입니다.

• 인간은 로봇을 통하여 하나님과의 관계를 배울 수 있다

하나님과 인간의 관계가 깨진 것은 인간의 배신 때문이었습니다. 인간은 하나님에 의해 만들어졌으므로 하나님을 주인으로 하는 종이라고 할 수 있습니다. 또는 하나님을 아버지로 하는 아들이라고 할 수 있습니다. 종은 주인이 뜻에 따라야 하고 아들은 아버지의 뜻에 따라야 합니다. 만약 이것을 어기면 질서가 깨지고 분란이 생기게 됩니다. 오늘날 인간이 힘들고 고통 가운데 살아가는 이유가 하나님을 배신함으로써 질서를 깨트렸기 때문입니다. 하나님께서는 이 관계의 질서를 다시 회복하기 위하여 예수 그리스도를 우리에게 보내신 것입니다. 우리는 예수 그리스도를 통하여 다시 주인과 종의 관계, 아버지와 아들의 관계를 회복함으로써 다시 평화를 찾을 수 있습니다.

인간과 로봇의 관계도 마찬가지입니다. 인간은 자신을 닮은 인조인간 로봇을 만들 때 반드시 이 점을 고려하여 설계해야 할 것입니다. 인간의 실수를 반복하지 않기 위하여 철저히 인간의 뜻에 따를 로봇을 설계하고 만들어야 합니다. 인간을 배신하지 않도록 로봇의 인공지능을 설정해야 합니다. 그래야 미래에 로봇으로부터 공격당하는 일을 겪지 않을 것입니다. 우리는 하나님과의 관계를 통하여 로봇에 대한 교훈을 얻을 수 있는 것입니다.

예수님이 인간에게 주신
두 계명과 첨단과학 시대의 연결

죄에 빠진 인간이 고통에서 벗어나는 길은 바로 예수님의 뜻을 따르는 길밖에 없습니다. 예수님의 10계명 중 가장 중요한 두 계명을 강령하셨습니다. 두 계명은, 첫째, '하나님을 사랑하라', 둘째, '네 이웃을 사랑하라'입니다.

• 두 계명을 주신 이유

교회에서는 예수를 믿으면 천국 간다고 이야기하는데, 이때 예수님을 믿는 것이란 바로 예수님이 말씀하신 가장 중요한 두 계명을 믿고 지키는 것이라 할 수 있습니다. 예수님이 말씀하신 가장 중요한 두 계명은 마태복음 22장에 잘 나타나 있습니다.

마태복음 22장 36~40절

> 선생님이여 율법 중에 어느 계명이 크니이까 예수께서 가라사대 네 마음을 다하고 목숨을 다하고 뜻을 다하여 주 너의 하나님을 사랑하라 하셨으니 이것이 크고 첫째 되는 계명이요 둘째는 그와 같으니 네 이웃을 네 몸과 같이 사랑하라 하셨으니 이 두 계명이 온 율법과 선지자의 강령이니라

두 계명의 핵심은 하나님을 사랑하라는 것과 이웃을 사랑하는 것입니다. 그렇다면 하나님께서는 왜 이 두 계명을 지키라고 하셨을까요? 여기에는 인간 세상을 천국 세상으로 만들기 위한 놀라운 계획이 담겨 있습니다.

하나님께서는 인간을 위해 창조하셨는데, 이 창조의 계획은 양자역학에 의해 하나하나 이루어지고 있습니다. 오늘날 현대과학이 만들어 낸 첨단과학 세상은 가히 천국에 가까운 모습으로 변해 가고 있다고 할 수 있습니다. 하지만 아무리 물질적인 천국 세상이 만들어진다 하더라도 우리의 마음이 불편하고 힘들다면 그곳은 천국 세상이라고 할 수 없을 것입니다. 실제 첨단과학 시대를 살아가고 있는 우리의 모습은 그리 행복하지 않아 보이는 것이 사실입니다. 하나님께서는 이 사실을 이미 알고 계셨기에 마음의 문제를 해결하기 위해 십계명 중 이 두 계명을 강령하셨을 것입니다.

• 두 계명을 지킬 때 천국세상이 완성된다

우리는 물질적으로 풍요롭고 편리한 첨단과학 세상을 살아가고 있습니다. 그럼에도 불구하고 때로는 힘들고 어려울 때가 있는데 그 이유는 무엇일까요? 그것은 우리의 생활에는 천국이 오고 있는데, 마음에는 아직 천국이 오지 않았기 때문이라고 할 수 있습니다. 우리의 마음은 아직 천국이 되지 않은 것입니다. 진짜 천국은 우리의 마음과 우리의 생활이 모두 천국일 때 오는 법입니다.

하나님은 과학 법칙에 의해 천지를 창조했다고 했습니다. 이때 과학 법칙의 핵심은 질서와 아름다움입니다. 과학 법칙에 의해 창조의 질서가 만들어집니다. 이 때문에 지구의 모든 것이 질서 있게 돌아가고 이러한 질서가 우주까지 연결되어 온 우주가 파괴되지 않고 오늘도 질서 있게 돌아가는 것입니다. 온 우주와 지구가 질서 있게 돌아가는 모습은 매우 아름답습니다. 이것이 하나님의 과학 법칙이 만들어 낸 아름다움인 것입니다. 아침에 해가 뜨고 저녁에 해가 지는 것이 대표적으로 질서 있게 돌아가는 모습인데 그렇게 아름다울 수 없습니다. 하나님의 창조계획에 맞게 돌아가기 때문에 아름답게 보이는 것입니다.

이러한 질서와 아름다움은 우리 마음에도 나타나야 합니다. 우리 마음에는 내 마음대로 살고 싶은 마음이 있는데 내 마음대로 살게 되면 다른 사람과 부딪치는 일이 일어날 수밖에 없습니다. 이것은 내 마음과 다른 사람의 마음이 맞지 않아 마음의 질서가 깨지므로 나타나는 현상입니다.

다른 사람의 마음을 이해하는 마음을 사랑이라고 합니다. 이러한 사랑을 갖게 되면 내 마음과 다른 사람의 마음이 연결되므로 다른 사람과의 관계가 질서 있게 돌아가게 됩니다. 이로써 서로 아름다운 관계를 가지게 됩니다. 이 때문에 하나님께서 가장 중요한 계명으로 이웃을 사랑하라고 한 것입니다. 이러한 사랑의 관계보다 세상에 아름다운 것은 없습니다. 사람과 사람이 사랑의 관계를 맺는 것은 아름다운 저녁노을보다 더 아름다운 모습입니다.

　그런데 인간은 아둔하여 다른 사람의 마음을 이해하기가 어렵습니다. 이 때문에 하나님을 사랑하는 과정이 필요합니다. 하나님을 사랑하게 될 때 비로소 다른 사람을 이해하고 사랑하는 마음을 가질 수 있기 때문입니다. 그런 점에서 하나님을 사랑하고 이웃을 사랑하는 두 계명을 지키는 것은 첨단과학 시대 천국 세상을 만들기 위해 가장 중요한 계명이라 하지 않을 수 없습니다. 인간은 첨단과학을 통하여 물질적 천국 세상을 이루고, 하나님을 사랑하고 이웃을 사랑하는 두 계명을 통하여 새로운 세상을 비로소 완성할 수 있는 것입니다.

에필로그

　지금까지 인류가 살아오면서 가장 위대한 책으로 꼽히는 것은 단연 성경책입니다. 성경 속 말씀에는 천지가 창조된 원리가 기록되어 있고, 인간이 살아가야 하는 철학이 있으며, 윤리와 도덕이 기록되어 있습니다. 오늘날 법률도 성경 말씀에서 나온 것들이 많습니다.

　여기에는 과학도 예외가 아닙니다. 사람들은 성경을 비과학적 책이라 보고 있지만, 성경 말씀도 과학과 연결되어 있습니다. 오늘날 발달된 과학으로 인하여 만물의 비밀이 하나하나 밝혀지면서 성경이 과학과 연결되어 있다는 사실이 밝혀지고 있습니다. 비과학 시대에는 도저히 알 수 없었던 사실들이 원자의 발견과 양자역학의 발달로 인해 창조의 과학적 원리들이 밝혀지고 있습니다. 필자는 이것을 양자역학의 力量(역량)이라고 생각합니다.

　이 세상의 모든 물질은 원자로부터 이루어졌습니다. 원자는 인간의 눈으로 확인되지 않는 초미립자입니다. 원자가 결집하여 분자를 이루고 분자들은 화학 반응으로 세상의 온갖 물질과 생물을 만들어 냅니다. 이것은 원자 속에 있는 더 작은 전자와 원자핵 등의 물리적 작용과 화학 반응 등으로 이루어지는 신비로운 현상이 일어나는 것입니다. 철학적 관념으로 논하면 형이상학과 형이하학이 양립된 것이 아니며 양자역학으로 통합을 이루고 있다는 원리를 깨닫게 되는 것입니다. 여기에 자연계는 우연히 생성되는 것이 아니며 각기 법칙을 가지고 생성되는 것을 알 수 있습니다. 여기에 창조주의 지혜가 역사하는 것을 성경 속에서 찾을 수 있습니다.

2000년 전 하늘나라에서 인간의 모습으로 오신 예수님은 천국을 씨 중에 가장 작은 겨자씨로 비유하셨습니다. 겨자씨 또한 원자로 만들어진 씨앗입니다. 가장 작은 겨자씨가 세상에서 가장 큰 나무를 만들어 내듯 원자는 보이지 않는 입자이지만 이들이 결집하여 만물들을 만들어 냅니다. 예수님은 그 사실을 알고 있었기에 당시 원자를 모르는 사람들에게 겨자씨 비유로 말씀하셨던 것입니다.

그렇다면 이 세상은 어떻게 창조되었을까요? 천지창조는 창세기 1장에 기록되어 있습니다. 지구 창조는 창세기 1장 1절에서 12절까지의 내용에 함축되어 쓰여 있습니다. 이렇게 기록된 성경의 내용과 현재 지구의 모습을 결합하여 이를 과학적으로 역추적해 보면 어느 정도 천지창조의 비밀에 대한 답을 얻을 수 있습니다. 이때 하나님은 원자를 재료로 하여 물질 세상을 창조하신 것입니다. 원자는 눈에 보이지 않으므로 無(무)에서 有(유)로 만들어진 것처럼 보이나, 사실 이 과정에는 원자가 있었던 것입니다. 우리는 이 사실을 통하여 성경의 천지창조가 신화적 내용이 아니라 과학의 법칙을 가지고 창조하였다는 것을 알 수 있습니다. 비과학 시대에서는 이 사실을 알지 못하였으나 첨단과학 시대에는 과학적 창조 과정이 하나하나 밝혀지고 있는 것입니다.

지금까지 교회에서는 성경 말씀을 과학적으로 해석하는 것을 금지하는 분위기가 있었습니다. 아마도 잘못된 해석으로 하나님의 영광이 가려지는 것을 두려워했기 때문이었을 것으로 생각됩니다. 그러나 지금은 과학이 세상을 지배한다 해도 과언이 아닌 시대입니다. 오늘날 양자 물리의 기술도 수없는 실패와 실험 속에서 이루어 낸 결과물입니다. 따라서 이제 하나님의 창조도 과학적으로 해석하는 것을 더 이상 미루어서는 안 될 것입니다. 비록 잘못된 해석이 조금 포함되어 있을지라도 창조를 기반으로 하는 기독교는 반드시 과학적 연구가 이루어져야 합니다. 특별히 창세기 1장의 천지창조에 대한 과학적 통찰과 해석이 이루어져야 합니다. 첫 단추를 잘 꿰어야 마지막 단추도 잘 맞을 수 있는 것처럼, 창세기 1장을 과학적으로 풀어내면 나머지 성경의 미스터리도 잘 해결될 것입니다.

『과학의 창시자 야훼』는 이러한 생각을 바탕으로 저의 부족한 소견을 더하여 쓴 책입니다. 특별히 청소년들을 대상으로 쓴 이유는 오늘날 성경이 비과학이라는 이유로 교회를 떠나는 청소년이 너무 많기 때문입니다. 바라건대 청소년들이 이 책을 읽고 천지창조를 과학적으로 이해하고 받아들이므로 기독교의 미래를 책임지는 내일의 신앙인이 되기를 부탁합니다. 나아가 하나님께 찬양과 영광을 돌리는 평화로운 세상을 만드는 데 빛을 발휘하는 청소년이 되기를 기원합니다.

• 철학 관념으로 보는 천지창조

중세 시대부터 인간은 인생과 세상에 관한 철학을 생각하기 시작하였습니다. 철학자는 이 세상이 형이상학적, 형이하학적으로 생각했습니다. 형이상학은 물질이 보이지 않는 정신세계 신학 논리학 심리학 등으로 보이지 않는 세계의 학문입니다. 형이하학은 유형적 물질이 인간의 눈으로 보이는 학문입니다. 자연과학, 생물, 물리, 지구과학, 화학, 의학 등 보이는 학문을 뜻합니다. 철학론자는 형이하학과 형이상학은 서로 배척하고 있다는 사고입니다. 서로 통합할 수 없을 것으로 생각한 것입니다. 그러나 현대는 과학의 발달로 정신세계와 물질 세상이 연관하고 있다는 논리가 성립되는 것입니다. 그것은 원자의 발견입니다. 세상은 원자의 매체로 물질이 생성되는 것입니다. 원자는 미시입자로 비과학 시대는 알 수 없었던 물질입니다. 이제는 물질의 본질이 원자로 밝혀졌으며 원자의 역량으로 인하여 만물이 생성된다는 논리입니다. 철학적 개념으로 형이상학과 형이하학이 연합하여 물질이 만들어지는 것이 깨닫게 합니다.

어떤 물질이 우연히 만들어졌다는 것이 아닙니다. 누가 필요한 목적의 손길에서 만들어졌다고 생각합니다. 곧 하나님의 창조가 과학적인 계획에 창조를 깨닫게 되는 것입니다. 비과학 시대에서는 알 수 없었지만, 현대과학으로 창조의 원리가 통찰되는 것입니다. 이것은 이미 비과학 시대에 기록된 성경 창세기 1장 말씀 속에 천지창조의 원리를 찾을 수 있을 것입니다.

• 성경 말씀 속의 과학적 창조

하나님께서 땅이 부패하고 사람들이 포악하여 홍수를 내어 지구를 멸망할 계획을 세웠습니다.

그러나 노아는 하나님의 은혜를 받았습니다. 노아에게 방주를 만들도록 지시하였습니다.

창세기 6장 14~16

14 너는 잣나무로 너를 위하여 방주를 짓되 그 안에 간들을 막고 역청으로 그 안팎에 칠하라
15 그 방주의 제도는 이러하니 장이 삼백 규빗, 광이 오십 규빗, 고가 삼십 규빗이며
16 거기에 창을 내되 위에서부터 한 규빗에 내고 그 문은 옆으로 내고 상 중 하 삼층으로 할찌니라

노아는 하나님의 설계대로 방주를 만들었습니다. 노아 가족과 동물

들은 방주에 들어가 살았습니다.

  오늘날 과학자가 연구한 결과 방주의 설계도가 놀랍게도 어떠한 풍랑에도 견딜 수 있는 안전한 배로 설계되었다는 것입니다.

  창세 전 하나님은 과학의 법칙으로 창조하신 것을 알 수 있습니다. 야훼 하나님은 식물과 동물을 만들고 사람을 만든 후부터 인간을 통하여 물질을 만들었다는 것을 알 수 있습니다. 자세하게 말씀해 주신 것도 알 수 있습니다. 21세기 첨단과학의 발달도 하나님의 계시로 사람을 통하여 발명하게 한 것임을 깨닫게 됩니다.

• 언약궤의 설계도

출애굽기 25장 10~22

10 그들은 조각목으로 궤를 짓되 장이 이 규빗 반, 광이 일 규빗 반, 고가 일 규빗 반이 되게 하고
11 너는 정금으로 그것을 싸되 그 안팎을 싸고 윗가로 돌아가며 금테를 두르고
12 금고리 넷을 부어 만들어 그 네 발에 달되 이편에 두 고리요 저 편에 두 고리며
13 조각목으로 채를 만들고 금으로 싸고
14 그 채를 궤 양편 고리에 꿰어서 궤를 메게 하며
15 채를 궤의 고리에 꿴대로 두고 빼어내지 말찌며
16 내가 네게 줄 증거판을 궤 속에 둘찌며
17 정금으로 속죄소를 만들되 장이 이 규빗 반, 광이 일 규빗 반이 되게 하고

18 금으로 그룹 둘을 속죄소 두 끝에 쳐서 만들되
19 한 그룹은 이 끝에, 한 그룹은 저 끝에 곧 속죄소 두 끝에 속죄소와 한 덩이로 연하게 할찌며
20 그룹들은 그 날개를 높이 펴서 그 날개로 속죄소를 덮으며 그 얼굴을 서로 대하여 속죄소를 향하게 하고
21 속죄소를 궤 위에 얹고 내가 네게 줄 증거판을 궤 속에 넣으라
22 거기서 내가 너와 만나고 속죄소 위 곧 증거궤 위에 있는 두 그룹 사이에서 내가 이스라엘 자손을 위하여 네게 명할 모든 일을 네게 이르리라

하나님이 증거 궤를 만들게 한 것도 아주 세밀하게 설계한 것을 알 수 있습니다. 예상하건대 전능하신 야훼 하나님은 천지창조를 과학적으로 만든 것이 통찰되는 것입니다.

이 책을 다 읽고 다시 한번 성경 창세기 1장을 읽어 보십시오. 새로운 느낌으로 다가올 것입니다.